W0235785

Inhalt

Anhang

Aus

Gedichte (1910)

Ich werde nicht enden zu sagen:
Meine Gedichte sind schlecht.
Ich werde Gedanken tragen
Als Knecht.
Ich werde sie niemals meistern
Und doch nicht ruhn.
Soll mich der Wunsch begeistern:
Es besser zu tun.

Der Leiermann

Warum sie sich wohl ans Fenster stellen,
Wenn unten der Alte die Leier dreht?
Warum sie verstummen und mancher ergriffen
Mit glänzenden Augen vorübergeht?

Sie wissen es selbst nicht, warum sie lauschen.
Die Brust wird ihnen plötzlich so weit.
Sie lassen sich durch die Seele rauschen
Das alte Lied ihrer Jugendzeit.

Sieh, ich war so oft allein,
Und ich lernte gleich den Zweigen,
Gleich dem Stein,
Träume wachen, Worte schweigen.

Denke, daß ich Dichter bin.
Eure Sonne ist nicht meine.
Nimm als Freund mich hin,
Wenn ich dir auch fremd erscheine.

Laß mich lauschen aus der Ferne,
Wenn ihr tanzend schwebt,
Daß auch ich das Schwere lerne:
Wie man narrenglücklich lebt.

Zwei Frauen

Es sitzen im schwülen Dämmerlicht
Zwei blühende Frauen
Und regen sich nicht.
Sie schauen sich an und schauen
Und schauen mit sengender Augenglut
In sengende, glühende Augen,
So tief, so wild, als gälte es Blut
Mit Blicken aus Blicken zu saugen.
Da ringt unter wogenden Brüsten
Ein irres, fremdes Gelüsten
Mit bangem, ruhlosen Leiden. – – – –
Ein schillerndes, schuppiges Schlangengetier
Kriecht aus dem Dunkel in hastiger Gier,

Schlingt seinen Leib um die beiden
Und dehnt sich schleimig, duckt sich und spuckt
Und bäumt sich lautlos und züngelt und zuckt.

Das ist die Schlange, vor der uns graut,
Wenn uns ihr bannendes Auge trifft.
Sie trägt ein langsam tötendes Gift,
Aus unergründlichen Rätseln gebraut.

Die lange Nase
(Eine Parabel)

Hans wird der Nasenkönig genannt,
Denn er hat eine lange Nase.
Sie rufen's ihm nach auf der Straße.
Hans läßt sie rufen; er macht sich nichts draus,
Die Eltern und Bruder und Schwester zu Haus,
Sie lachen ja alle so oft ihn aus
Und spotten über die Nase.
Hans kommt in die Schule. Er hört, daß man lacht,
Daß man sich über ihn lustig macht,
Daß man vom Nashorn, vom Rüsseltier spricht
Und von der Gurke in seinem Gesicht. –
So folgt ihm der Ulk auf Schritt und Tritt,
Und Hans lacht mit.

Er wird ein Soldat. Er wird ein Mann,
Und überall trifft er den Spottvogel an.
Der pfeift und singt und läßt keine Ruh.
Hans lacht dazu.

Hans lacht dazu, wenn man witzelt und höhnt,
Er hat mit der Zeit sich daran wohl gewöhnt.

Hans freite des Nachbars Liesel so gern
Da drüben über der Straße.
Und er fragt ganz schüchtern mal bei ihr an,
Da sagt ihm die Liesel: Sie mag keinen Mann
Mit einer so langen Nase. – –

In der Nacht, im Garten vorm Rasenplatz,
Da küßt sich die Liesel mit ihrem Schatz.
Sie tanzen, sie springen, sie singen vereint,
Und drüben, über der Straße,
Im Stübchen, wo noch die Lampe scheint,
Sitzt Hans vorm Spiegel und weint und weint
Über die lange Nase.

Die Schnupftabaksdose (1912)

Die Schnupftabaksdose

Es war eine Schnupftabaksdose,
Die hatte Friedrich der Grosse
Sich selbst geschnitzelt aus Nussbaumholz.
Und darauf war sie natürlich stolz.

Da kam ein Holzwurm gekrochen.
Der hatte Nussbaum gerochen.
Die Dose erzählte ihm lang und breit
Von Friedrich dem Grossen und seiner Zeit.

Sie nannte den alten Fritz generös.
Da aber wurde der Holzwurm nervös
Und sagte, indem er zu bohren begann:
»Was geht mich Friedrich der Grosse an!«

Ein männlicher Briefmark erlebte
Was Schönes, bevor er klebte.
Er war von einer Prinzessin beleckt.
Da war die Liebe in ihm erweckt.
Er wollte sie wiederküssen,
Da hat er verreisen müssen.
So liebte er sie vergebens.
Das ist die Tragik des Lebens!

Die Ameisen

In Hamburg lebten zwei Ameisen,
Die wollten nach Australien reisen.
Bei Altona auf der Chaussee
Da taten ihnen die Beine weh
Und da verzichteten sie weise
Denn auf den letzten Teil der Reise.

So will man oft und kann doch nicht
Und leistet dann recht gern Verzicht.

»Nein«, schimpfte die Ringelnatter, »die Mode
Von heutzutage, die wurmt mich zu Tode.
Jetzt soll man täglich, sage und schreibe,
Zweimal die Wäsche wechseln am Leibe.
Und immer schlimmer wird's mit den Jahren.
Es ist rein um aus der Haut zu fahren!«
So schimpfte die Ringelnatter laut
Und wirklich fuhr sie aus der Haut.

*   *
*

Der Vorfall war nicht ohne Bedeutung,
Denn zoologisch nennt man das Häutung.

Ein Pflasterstein, der war einmal
Und wurde viel beschritten.
Er schrie: »Ich bin ein Mineral
Und muss mir ein für allemal
Dergleichen streng verbitten!«

Jedoch den Menschen fiel's nicht ein
Mit ihm sich zu befassen,
Denn Pflasterstein bleibt Pflasterstein
Und muss sich treten lassen.

Die Badewanne prahlte sehr.
Sie hielt sich für das Mittelmeer
Und ihre eine Seitenwand
Für Helgoländer Küstenland.
Die andre Seite – gab sie an –
Sei das Gebirge Hindustan
Und ihre grosse Rundung sei
Bestimmt die Delagoabai.
Von ihrem spitzen Ende vorn,
Erklärte sie, es sei Kap Horn.
Den Kettenzug am Regulator,
Hielt sie sogar für den Äquator.
Sie war – nicht wahr, das merken Sie? –
Sehr schwach in der Geographie.
Dies eingebildete Bassin.
Es wohnte im Quartier latin.

Es bildete sich ein Gemisch
Von Stachelschwein und Tintenfisch.
Die Wissenschaft, die teilt es ein
In Stachelfisch und Tintenschwein.
Der Fisch bewohnt den Ozean.
Gefährlich ist es, ihm zu nahn.
Das Tintenschwein trifft man in Büchern,
An Fingerspitzen, Taschentüchern.
Es ist – das liegt ja auf der Hand –
Dem Igelschwein noch sehr verwandt.

Logik

Die Nacht war kalt und sternenklar,
Da trieb im Meer bei Norderney
Ein Suahelischnurrbarthaar. –
Die nächste Schiffsuhr wies auf drei.

Mir scheint da mancherlei nicht klar,
Man fragt doch, wenn man Logik hat,
Was sucht ein Suahelihaar
Denn nachts um drei am Kattegatt?

Ein jeder lebt's. Novellen (1913)

Die wilde Miß vom Ohio

Ich rede von einem jener gott- und menschenverlassenen Eisenbahnpunkte, wo normale Fremde den Verstand verlieren, wenn sie nicht Schlafvirtuosen sind oder ein dichterisches Verständnis für die Poesie der Öde haben. –

Als ich die Tür zur Wartehalle klinkte, flehte ich irgendeine überirdische Macht an, mich nicht in eine Gesellschaft zu lancieren, die über Bierqualitäten, Zufälle im Lotteriespiele oder innere Politik polemisierte.

Es war jedoch nur ein einziger Gast anwesend, eine stattliche Baron-Offizier-Lebemannerscheinung, die mir gleich durch eine kurze Kopfbewegung zu verstehen gab, daß ich mich zu den unsichtbaren Geistern zählen dürfe. Das war ganz nach meinem Sinn, und ich drückte mich selbst in den entferntesten Winkel, gleichfalls ein deutliches *Noli me tangere* in meine Züge legend.

Der Herr »Ober« bemühte sich, meine schlechte Stimmung auf den nervösesten Punkt zu schrauben, durch allerhand Schikanen, die ich in vier Humoresken und einer Tragödie zu verwenden gedenke. Dann allmählich schlief er am Zeitungsständer ein. Und nun war es still in der leeren Halle. Nur ein melancholischer Landregen nässelte an den Fensterscheiben.

Der Baronartige starrte regungslos auf eine Flasche Burgunder. Ich hatte das Gefühl, daß ich ohne seine Gegenwart ein stimmungsvolles Gedicht verfassen könnte. Die Hände vor die Augen pressend, um ihn nicht mehr zu sehen, gewahrte ich durch die Fingerspalten, daß er energische und eigentlich mehr zielbewußte als blasierte Gesichtslinien hatte, daß eine breite Narbe an seiner Schläfe nicht übel wirkte und daß er einen pompösen, exotischen Ring trug.

Die Einsamkeit ist die Treppe zum Gedankenkeller. Sie ist selbstverständlich wertlos für denjenigen, der unten nichts auf Lager hat. Wer aber sein Fäßchen oder gar Fässer, Tonnen dort liegen weiß – meistens die, welche oben nur wenig verzapfen – dem fällt es nicht schwer, die Stunden in dieser erfrischend kühlen Tiefe totzuschlagen.

Auch ich wollte mein Fläschchen Spiritus heraufholen, um damit den eingeborenen Zeltinger zu veredeln, den mir das Bahnhofsrestaurant zu Kriegspreisen aufgetischt hatte.

Der Baron war wirklich im Grunde ein recht sympathischer Mann. Er schien ebenfalls trübseliger Laune zu sein und saß noch immer wie ich über sein Glas gebeugt – Zigarrenrauch und Asche studierend.

Da öffnete sich die Türe. Ein älterer, wettergebräunter Dritter im Jagdkostüm blieb auf der Schwelle stehen.

Der Baron bemerkte ihm sofort durch eine kurze Kopfbewegung, daß er sich zu den unsichtbaren Geistern zählen dürfe, und ich legte ein deutliches *Noli me tangere* in meine Züge. Der Jäger aber bediente sich einer noch überlegeneren Sprache. Er sah sich weder nach dem Baron noch nach mir um, sondern placierte sich mit geometrischer Geschicklichkeit so, daß er uns beiden gleichzeitig den Rücken zudrehte. Die schikanöse Einleitung des Kellners kürzte er dadurch ab, daß er ihn sehr bald mit Kamel anredete.

Ich fühlte mein Dichtermilieu durch einen struppigen Bart, verwegen rollende Augen und eine lokomotivierende Meerschaumpfeife erheblich gestört.

Erst als der wilde Mann mit einem Glas heißer Milch gestillt war und das dienstbare Kamel seine Journal-Ecke wieder eingenommen, trat der *status quo* ein. Dieses Verhältnis nahm mit der Zeit einen ganz friedlichen Charakter an. Es war, als hätten wir ein stilles Abkommen getroffen, einander rücksichtsvoll zu ignorieren.

Der Ofen begann wie in einer Anwandlung von Mitleid geheimnisvoll zu knistern. In tiefes Sinnen versunken, rührten wir uns nicht. Nur wenn der Kellner seine Beinstellung wechselte, hoben sich für einen Moment drei müde Häupter. Dann war alles tot.

An was denkt man in solcher Situation wohl? – – – Das wird immer individuell sein. Ich z. B. dachte – – ach nein, das ist ganz gleichgültig.

Jedenfalls wurde die Ruhe plötzlich unterbrochen. Es war die seltsame Melodie eines mir unbekannten Liedes, halblaut durch die Zähne gesummt. Ich warf dem Jäger einen vorwurfsvollen Blick zu und beobachtete dann, wie der Baron sich verhielt.

Er hatte gleich mir den Kopf erhoben und außerdem eine Zeitung ergriffen, aber ich bemerkte, daß er hinter derselben neugierig den Jäger fixierte. Gleich darauf legte er das Blatt beiseite, leerte sein Glas mit einem nervösen Schluck, trommelte mit den Fingern auf das Tischtuch und stimmte leise pfeifend in das Lied, dasselbe Lied ein.

Nun sah auch der wilde Mann auf und schwieg. Der Baron schwieg gleichfalls. Es kam mir vor, als sei ein kleines Vorpostengefecht beendet.

Plötzlich erhob sich der Burgunderherr, trat mit ungezwungen vornehmer Haltung an den Jäger heran und sagte: »Mein Herr, erlauben Sie mir die Frage: Waren Sie je am Ohio?«

»Ja«, erwiderte der andere erstaunt.

»Und Sie kennen die wilde Miß vom Ohio?«

»*The wild Miß?* – – –« Etwas wie ein wehmütig-glückliches Lächeln fuhr über das harte Jägergesicht. Er hielt dem Frager seine kräftige Rechte hin, und dann gab's einen Handschlag, den ich im Leben nicht wieder vergessen werde. Und nun rückten die beiden zusammen, und der Kellner wurde aus seinem Presseschlummer gejagt, um Sekt und Zigarren zu bringen, und dann begannen die beiden zu fragen und zu erzählen, und dazwischen stießen sie so feurig die Gläser zusammen, daß der Kellner jedesmal zusammenfuhr.

Ich verstand kein Wort weiter von dem, was da besprochen wurde, aber ich glaubte den Inhalt zu erraten, und das Herz ward mir dabei weit, als sei ich berauscht.

Es mußte eine köstliche, interessante Erzählung sein – aus dem Leben dieser Männer, und das Lied, woran sich beide erkannt hatten, sowie die wilde Miß vom Ohio mußten irgendeine romantische Rolle darin spielen. Leidenschaftliche, gefährlich-schöne, vielleicht teilweise sehr traurige Erlebnisse.

Ich sah ein einsames Licht aus dem nachtdunklen Ufergebüsch des Ohio blinken. Die wilde Miß stand vor mir, eine herrliche, heißblütige Kreolin mit tiefschwarzen, verführerischen Augen, und ich wob einen spannenden und ergreifenden Roman um sie. – –

Die Augen der Erzähler leuchteten begeistert, ihr Sekt schäumte, und der Zigarrenrauch umlagerte sie, wie Nebelwolken, den kühlen, schwarzen Fluten des Ohio entstiegen. Ich aber saß einsam in meiner Ecke und spürte eine so gewaltige Sehnsucht danach, auch Anteil an diesen bewegten Erinnerungen zu haben und hinzugehen, um zu sagen: Meine Herren, auch ich kenne das Lied, den Ohio und die wilde Miß. Darf ich mich zu euch setzen?

Glückliche, beneidenswerte Weltmenschen! – Noch nie hatte ich ein Alleinsein so bitter empfunden wie in dieser Stunde. Ich faßte den Entschluß, mir auch ohne Belege als Zuhörer einen Platz bei den beiden zu erbitten.

Da pfiff etwas. Ein Zischen – ein Rollen – – der Zug lief ein – – Ich habe weder den Jäger noch den Baron wiedergesehen. Die Geschichte der wilden Miß vom Ohio habe ich nie erfahren, aber wenn ich mich ihres Titels erinnere, habe ich eine häßliche, drückende Empfindung.

Es ist das Gefühl des Unbefriedigtseins. Etwa wie wenn man während einer spannenden Lektüre nach der weggelegten Zigarre greift und plötzlich merkt, daß diese auf unerklärliche Weise abhanden gekommen – –

Nein, es ist ein ganz anderes, viel tieferes, trüberes Gefühl.

Auf der Straße ohne Häuser

Die Landstraße entlang lief mit äußerster, atemrauben-
der Hast in einem Kleide aus blauem Taft ein schönes
Mädchen. Das war die Tochter eines strengen, recht-
schaffenen, geachteten und reichen Mannes. Sie bedach-
te weder den Staub noch die Hindernisse des Weges; es
kam vor, daß sie über einen Stein hinfiel und ein ander-
mal gegen einen Pfahl rannte, die sie beide nicht gesehen
hatte, obwohl sie nicht blind war. Auch empfand sie kei-
nen Schmerz von dem Anprall und weinte doch unauf-
hörlich, wimmerte laut und stammelte angstverwirrte
Gebete.

Ihr Ziel war ein beträchtlich entfernter Teich. Dort
wollte sie sich und ein ungeborenes Menschenkind er-
tränken.

Es wehte kalt auf der herbstlichen, trockenen Land-
straße. In vornehm gemäßigter Eile schritten zwei Da-
men dahin, begleitet von einem Offizier, der wohl der
Gatte der einen, der Vater der anderen sein mochte.

Der kindische Ton einer Hupe bewog sie, zur Seite zu
treten; und ein Gefährt überholte sie, ein graues Auto-
mobil, in dem eine graue Mumie hockte. Es raste vor-
über, zwei häßliche Schweife schwelenden Rauches
nachziehend, und verschwand auf der Höhe des Weges
in einer Wolke wirbelnden Staubes. Einmal erklang
noch das lächerliche Hupensignal, gleich darauf ein hel-
ler menschlicher Laut, etwa wie der Juchzer eines
Tirolers, und öde Stille blieb zurück.

Die Fußgänger setzten ihren Weg fort unter Äuße-
rungen des Unwillens. Dann bemühten sich die Damen,
ein heiteres Gespräch aufzubringen, um den Wind nicht

zu hören, der sich mit leisem Klagen durch Tele-
graphendrähte wand, und plötzlich rief die jüngere: »O
Gott, da liegt jemand!«

Mitten auf der Straße, im Schmutze ausgestreckt, lag
ein junges Mädchen im blauen Taftkleid. Ihr rechter
Arm war unnatürlich verrenkt, und vom linken Backen-
knochen an, quer über die Stirn, war ihr der Kopf ge-
spalten, als wäre ein Pflug darübergegangen. Aus der
Furche quoll die Gallertmasse von einem ausgelaufenen
Auge, mit Fetzen vom Gehirn vermengt, und schwarz-
rotes Blut war über das noch jugendliche Gesicht ver-
spritzt, sickerte durch zusammengeklebtes Haar.

Ein Aufschrei aus drei Kehlen flüchtete über die
Felder, vielleicht von fern auch wie der Juchzer eines
Tirolers anzuhören. Die Lebenden umstanden die Tote
minutenlang starr, aufrecht, mit äußerst geweiteten
Augen, mit gespreizten Fingern. Nun bückte sich der
Offizier, schob die Lippen des Mädchens auseinander
und sagte nach einiger Zeit ergriffen: »Es hängt ein
Glück an ihrem Unglück – sie ist tot. – – – Sie, heda!
Kommen Sie rasch!« Das letzte, laut gerufen, galt einem
hageren Manne, der gebückt, langsam des Weges kam
und ein Bummler, ein Landstreicher zu sein schien. Er
mußte den Zuruf verstanden, die Situation der War-
tenden erkannt haben, aber er beschleunigte durchaus
nicht seine Schritte.

»Ein Unfall – laufen Sie nach der Stadt! Holen Sie ei-
nen Arzt, einen Wagen, – Polizei! Wir bleiben inzwi-
schen hier.«

Der Fremde trat schweigend an die Gruppe heran.
Sein trockenes, wirres Haar bedeckte die Hälfte einer
niedrigen Stirn und verlieh dem langen, gelblichen

Gesicht einen Ausdruck von Trotz und Beschränktheit.
Der Unterkiefer hing schlaff herab; es sah aus, als könne
er ihn nicht bewegen. Der Mann stieß seine schmutzigen
Hände geballt in die Rocktasche, zog die Achseln hoch
und betrachtete mit fast tierischen, rücksichtslosen
Blicken die beiden Damen, welche unverborgen wein-
ten, während sie den entstellten Körper am Boden mit
ihren Schals und Taschentüchern zudeckten. Mit zu-
sammengezogenen Brauen, finster und streng, verfolgte
der Offizier dabei das Benehmen des Landstreichers,
wohl nach einem Zeichen von Mitleid oder Erschüt-
terung spähend.

»So eilen Sie doch! Schnell, schnell!« Der Mann
wandte sich dem ernsten, sichtlich entrüsteten Herrn zu
und lallte, wie betrunken, mit blöder Stimme: »Schen-
ken Sie mir was.«

Die Augenbrauen des anderen zogen sich noch mehr
zusammen. »Ja doch, gewiß, Sie werden bezahlt. Laufen
Sie nur! Haben Sie denn gar kein Herz? Laufen Sie!
Marsch!«

Der Bummler blieb stehen und hielt dem Sprecher die
flache Hand hin. In diesem Augenblick ward ein Rad-
fahrer sichtbar. Sofort schwenkte der Offizier seine
Mütze, zur Eile treibend, aber an seinen hochgehobenen
Arm klammerte sich jetzt der Landstreicher, indem er
hartnäckig, beinahe wie drohend, wiederholte: »Schen-
ken Sie was.«

Die ältere Dame warf ihm eine Börse vor die Füße.
Gleichzeitig traf ihn eine Reitgerte in hartem Schlag, daß
er zurücktaumelte und aufstöhnend die Hände an den
Hals preßte.

Der Radfahrer sprang indes vom Sattel. Als er sich

den Mund zuhielt und mit der Zunge schnalzte, sah und hörte es sich an wie tiefes, aufrichtiges Entsetzen. Darauf zog er in unwillkürlicher Pietät seine Mütze und wartete wortlos, mit fragenden Augen auf eine Erklärung. Und als er diese und höflich befehlende Instruktion erhalten hatte, bestieg er mit rührender Eilfertigkeit seine Maschine und fuhr dem nächsten Orte zu.

In entgegengesetzter Richtung wankte der Landstreicher davon. Er hatte die Hände überm Nacken gefaltet, und als er sie sinken ließ, entblößte er einen blutunterlaufenen Striemen am Hals. – Aber er lachte von Zeit zu Zeit leise vor sich hin. Sein Kopf war zur Brust geneigt. Der Unterkiefer hing schlaff herab, und die Augen waren bis auf einen kleinen Spalt geschlossen.

Er wankte dahin und lachte von Zeit zu Zeit leise vor sich hin. Dann betrat er den Wiesenrand, um sich vor einer Telegraphenstange niederzulassen, die er mit Armen und Beinen umschlang. So blieb er still sitzen. Man hätte meinen können, er wäre an der Stange heruntergerutscht; man hätte auch meinen können, er küßte sie wie eine Geliebte, denn er hatte den offenen Mund fest auf das tönende Holz gedrückt. So verharrte er stumm.

Es zogen ein paar Studenten vorbei, die über ihn lachten und weitergehend einander von eigenen Heldentaten erzählten, die sie im Rausche vollbracht hatten. Es kamen Leute vorüber, die sich entrüstet abwandten und von der Torheit Erwachsener sprachen. Ein Dichter blieb stehen. Dieser Mann, dachte er, hört einem Holzpfahl zu – – ein berauschter Obdachloser, der Stimme des Weltverkehrs lauschend. Das fand der Dichter schön, freute sich und wollte den Andächtigen nicht stören. Wieder andere Menschen näherten sich; die versuchten den Bummler aufzuwecken, wähnend, er schliefe. Sie entdeckten, daß er tot war.

Männer wurden gerufen, welche feststellten, daß er einen Pfandschein aus Hamburg und ein Messer mit der Inschrift »Chicago 107« bei sich trug. Andere Männer konstatierten, daß er verhungert, daß er aus Mangel an Nahrung gestorben war, und wieder andere legten ihn in einen ganz neuen, gegen Schnee und Regen schützenden Sarg und begruben ihn.

Es blieb die Frage übrig: Wer ist der Mann? – Eine Frage, die wie etwas Spinnenartiges kaum bemerkbare Beine und Fühler weit hinaus ins Land reckte, feine Fäden verknüpfte und staubige Akten durchirrte. –

In das Haus eines strengen, rechtschaffenen, geachteten und reichen Gutsbesitzers drang derweilen tiefes Herzeleid. Die einzige Tochter, die er mit ebensoviel Fürsorge als Erfolg erzogen hatte, war das Opfer eines Unfalles geworden.

Irgendwo, anderswo, gab jemand zu dieser Zeit ein vornehmes Gastmahl, ein Automobilfahrer, der einen neuen, glänzenden Rekord aufgestellt hatte. Offiziere, Sportsleute und sonstige angesehene Personen waren geladen. Ein alter Herr erhob sich an der Tafel; man wußte, daß er Großes für Kunst und Wissenschaft geleistet hatte, und er sagte unter anderem aus ehrlicher Überzeugung heraus:

»Glauben Sie nicht, daß ich, als ein Mann rein geistiger Arbeit, geringschätzig über sportliche Unternehmungen denke. Mir ist bekannt, daß eine Wettfahrt, wie die heute gefeierte, mit schwersten Gefahren verbunden ist und daß dieselbe neben Geschicklichkeit, Energie und mehr, vor allem hohen Mut erfordert. Mut trägt immer etwas Herrliches in sich, im Spiel wie im Ernst, im Frieden wie im Krieg. Ich hege ungemeine Hochachtung vor dem Mut. – –«

Der alte Herr schloß seine Rede damit, daß er ein Hoch ausbrachte und zwei Sektgläser umstieß, was die allgemeine Ausgelassenheit wesentlich förderte. –

Auf der Landstraße draußen wehte es kühl. Dort wanderten vereinzelt Menschen, rollten manchmal Wagen. – –

Als der Winter regierte, da ward die Bahn noch stiller. Nur wenige schweigsame Menschen stiefelten durch den Schnee, mit großen Schritten, um bald wieder Häuser zu erreichen. Seltener klingelte ein Schlitten daher. – –

Im Frühling hatte das Spinnenartige in einem fernen, winzigen Dörfchen gefunden, was es suchte: einen Namen, Hans Hölzerleimer, einige Zahlen und sonstige Angaben und die Bemerkung »keine Angehörigen mehr am Leben«. Damit war eine polizeiliche Angelegenheit erledigt. –

Da es Sommer geworden war, beschien die Sonne schwatzende, lachende Spaziergänger auf der Landstraße, und ein Wind bewegte lustige Bänder und Tücher.

Und doch: Draußen, auf der Straße ohne Häuser, weht immer ein eigen kalter Zug; achte einmal darauf!

Sie steht doch still

Ein großer Dampfer schiebt sich durch den Ozean. Auf dem Gitterwerk über dem Maschinenraum liegt ein kranker Mann, das schmutzige Gesicht auf die heißen Stangen gepreßt, nicht schlafend, nicht wachend. Schwüle Dämpfe steigen von unten herauf und hängen Perlen an seine Stirne. Wenn er die Augen öffnet, sieht er Räder, Kessel und Stangen. Er sieht sie jetzt auch mit geschlossenen Augen. Die Maschine stampft, schlägt, braust, dröhnt, wie sie Tag und Nacht tut. Heute hört er es. Dabei wartet er mit Angst auf ein Glockenzeichen. Es muß gleich kommen. Vergeblich versucht er zu schlafen, nichts zu denken. Er sieht Räder, Kessel, Stangen, er denkt an die Glocke und hört das Dröhnen der Maschine. »Sie steht nicht still«, flüstert er vor sich hin. Plötzlich liegt Udo neben ihm.

Udo ist schon zwei Wochen tot. Er ist verrückt geworden und über Bord gesprungen, weil – – sie nicht stillstand.

»Udo, glast es bald?« fragt der kranke Mann. »Noch eine Minute«, gibt der andere zurück. »Udo, – – ich kann nicht mehr.« Udo grinst blöde und schweigt.

»Nicht wahr, sie steht nicht still?« »Nein, sie steht nicht still.«

»Aber wenn wir alle nicht mehr wollen?«

»Alle?« – Udo lacht hart. »Ihr müßt und ihr wollt.« »Udo, ist die Minute bald um?«

Niemand antwortet. Der kranke Heizer ist allein.

Acht Glockenschläge gellen häßlich durch den gleichmäßigen Lärm. Es klingt wie das »Hü, Hü« eines Kutschers.

Der Mann erhebt sich matt und steigt mit klappernden Holzpantoffeln die schwarze Wendeltreppe hinab. Hansen, der abgelöste Heizer, übergibt ihm eine Feile und spricht dabei etwas. Er versteht es nicht. »Sie steht nicht still«, murmelt er, ohne aufzusehen.

»Wer steht nicht still?« fragt Hansen verwundert.

»Ach – Udo hat's gesagt.«

Hansen dreht sich ärgerlich um und steigt mit einer höhnischen Bemerkung an Deck. Der Mann unten legt die Feile fort, nimmt eine Kanne und beginnt zu ölen. Der Maschinist tritt aus dem Heizraum ein. Er gibt irgendeine Anweisung. Der Heizer tritt an das große Rad, um das Ölbassin aufzufüllen. »Sie steht nicht still«, stöhnt er ganz leise und schauert dabei zusammen, als ob er fröre. Auf einmal ist der Heizer nicht mehr da. Es klingt schrecklich, wenn ein menschlicher Körper zermahlen wird, noch viel schrecklicher als das kurze Todesgekreisch eines, der verunglückt. Der Maschinist hält sich die Ohren zu und starrt zitternd, bleich, mit verzerrten Augen auf die roten Fetzen an dem rotierenden Rad. – – Im Vorderschiff unter Deck trinkt Hansen Kaffee mit anderen Heizern. Mitten im lustigen Gespräch setzt er seine Tasse nieder und wendet horchend sein Gesicht zu Boden. Dann sagt er tiefernst: »Sie steht doch still!«

Durch das Schlüsselloch eines Lebens

Aber als das Fest müde geworden, als jene schalen Späße
auftauchten, welche die Lustigkeit bis zur ärmlichsten
Dünne in die Länge ziehen, als das Gelächter schon im
Lallen oder Gähnen verklang und in der Dunkelheit stil-
ler Nebenräume menschliche Atemzüge vernehmlich
auf- und niederstiegen, da bestellte sich Berthold einen
Wagen und entfernte sich heimlich.

Indem er draußen dem kalten Winterwind aufgerich-
tet und mit weitgeöffnetem Mantel entgegentrat, kam er
sich wie ein kühner Feldherr vor, nicht nur, weil ihn der
Kutscher des Mietwagens entsprechend behandelte.

Der Dank eines durch Trinkgeld gerührten Dieners
klang ihm nach. Der Schlag klappte beängstigend laut
zu. Er vernahm ein Schnalzen, Getrappel, Gerassel und
sagte mit fröhlichem Pathos: »Ich rolle.« Seinen Körper
möglichst über vier Sitze verteilend, wandte er sich noch
einmal nach den erleuchteten Fenstern der Villa zurück
und ließ seinen Stolz in der Erinnerung baden, daß er in
Gesellschaft reicher oder berühmter Leute vornehm ge-
speist und getrunken hatte.

Über den dick verschneiten Straßen dämmerte es be-
reits, und da Berthold Arbeiter, Bäcker und Milchweiber
ihren frühen Geschäften nachgehen sah, ward seine gu-
te Laune durch ein Gefühl von Beschämung gedämpft.

Irgendwo im Weichbild der Stadt ließ er halten und
bezahlte den Kutscher. Die Folgegeister eines feurigen
Burgunders hielten ihn wach und schürten die Lust zu
der unvernünftigen Idee, mit Ballschuhen und Zylin-
derhut einen Morgenspaziergang über Land zu unter-
nehmen.

Hinter den letzten Häusern sah Berthold eine weiße
Wüste von Schnee vor sich und darüber einen wohltu-
end ruhigen, lichtgrauen Himmel. Die frische Luft klär-
te seinen Blick. Der noch jugendliche Mann sandte einen
recht selbstbewußten Gedanken kondolierend nach
dem heißen, verrauchten Saal zurück, den er als einer der
Ersten verlassen. Er war entschlossen, sich um einen
Schlaf zu betrügen und seine kühne Stimmung in ir-
gendein der Gelegenheit anzupassendes Erlebnis umzu-
schmelzen, wie man in der Neujahrsnacht heißes Blei ins
Wasser gießt, um zu sehen, was daraus wird.

Die gleichmäßige Schneedecke verbarg Wege und
Gräben, und nur die Krümmungen der Landstraße wa-
ren durch zwei Baumreihen mit gleichsam märchenhaft
verzuckertem Gezweig gekennzeichnet. Aber Berthold
stapfte quer über das verschneite Ackerland, oft tief ver-
sinkend. Wie ein schwarzes Boot durch ein weißes Meer
ging er durch den weiten, weichen, blendend reinen, un-
berührten, jungfräulichen Schnee und genoß die Lust,
ihn als Erster zu durchwühlen. In dieser Lust lag etwas
von der Freude des Vandalen oder von dem Vergnügen,
das man empfindet, wenn man die gespreizte Hand in ei-
nen Sack voll Hafer versenkt. Und doch war ihm je-
mand zuvorgekommen, denn er stieß bald auf die Fuß-
stapfen eines Menschen, der, ebenfalls Straßen ver-
schmähend, die Felder durchquert hatte. Es waren
zierliche Spuren in geringen Abständen, also wohl von
einer Dame herrührend.

Ein Vogel schwang sich auf, als Berthold niederknie-
te, die Abdrücke zu untersuchen. »Guten Morgen,
Rabe«, rief er, »ich bin Lederstrumpf – nein besser
Sherlock Holmes. Wenn ich das Weib, das hier gegangen

ist, erwische, dann kommst du vielleicht noch zu einem
zarten Galgenfrühstück. Haha! Warte einmal – eins,
zwei, drei, vier – – einundzwanzig Nägel hat sie im Ab-
satz, jawohl!«

Der einsame Sprecher erhob sich lachend und schritt
beschleunigt den Fußstapfen nach; er wünschte zu er-
fahren, wohin die Stiefelchen zu so früher Stunde ge-
wandert waren.

Etwas später hob er ein blauseidenes Taschentuch auf,
in welches er einen kleinen, unscheinbaren Notizka-
lender eingewickelt fand. Auf der Umschlagseite, mit
Tinte mehr gemalt als geschrieben, stand: Lygia Valtin,
Gruseliusstraße 3/IV. Die inneren Buchstaben enthiel-
ten unter fortlaufenden Daten Bleistiftnotizen. Mühsam
entzifferte er:

Graf Naschauer – Perlgürtel – Puderdose Bahnhof –
Eisbahn – Putzi schreiben – Schutzmann Klimmer –
Kneifer – vier Uhr Kaiserplatz Kleiner Schwarzer –
Rezept Hirschpastete – ein Neger mit Gazelle zagt im
Regen nie – Baron von Biegemann, Frankfurt am Main,
Taunusstraße 7 – zwei Meter Moiréeband – Wäsche …
und ähnliche Notizen.

Es geschah an einem Januar-Freitag, da Berthold das
las, und für diesen Tag fand er in dem Kalender die
Bemerkung: »Mutters Todestag«, »Kleiner Schwarzer
zwölf Uhr Mittag«. Das war der Inhalt des Büchleins.
Der junge Herr stieß einen Pfiff aus; das gesuchte Aben-
teuer begann. Weitereilend gewahrte er bald, daß die
Fährte, der er folgte, einem kleinen, abseits gelegenen
Dorffriedhof zustrebte. Eine seltsame Rührung erfaßte
ihn vorübergehend. Das Bild, das er sich nach den
Stiefelabdrücken, dem stark duftenden Tuch und jenen

Notizen in Gedanken von Lygia Valtin angefertigt hatte,
bekam eine andere Gestaltung durch die Begriffe »Mut-
ters Todestag« und »Feldfriedhof«. Die Achtung, die er
vor der Unbekannten empfand, bewog ihn, ihre Ver-
folgung aufzugeben. Aber sein Interesse für die Dame
war gestiegen, zumal er an dem Fund zu erkennen
glaubte, daß sie hübsch, jung, gewiß auch reich an
Beziehungen sei. Deshalb wollte er sie in ihrer Wohnung
aufsuchen; bot doch das Tuch genügend Anlaß.

Während er die Strecke über die Felder im Zurück
weit schneller als im Hin durchwatete, sann er auf eine
originelle Anrede, sich bei Lygia einzuführen. – Er
konnte beispielsweise beginnen: Gnädigste, ich heiße
Berthold Sievers und komme, um Ihnen mitzuteilen,
daß Sie einundzwanzig Nägel im linken Absatz tragen.
– Dann vermochte er ihr verwirrtes Erstaunen noch hö-
her zu schrauben, indem er etwa hinzulog: Außerdem
läßt Ihnen Baron von Biegemann durch mich beste
Empfehlungen und die Bekanntgabe zugehen, daß er
sich mit der chinesischen Prinzessin Hink Puckling ver-
lobt und gleichzeitig eine Hutkrempenfabrik in der
Taunusstraße eröffnet hat.

Das mußte eine amüsante Unterhaltung zeugen, und
Berthold nahm sich vor, erst dann mit Aufklärung,
Taschentuch und Notizblock herauszurücken, wenn der
Grundstein zu etwas Galantem oder Zartem oder
Intimem gelegt sein würde. Und ein Mädchen, das am
frühen Wintermorgen aufstand, um das entfernte Grab
ihrer Mutter zu besuchen, war doch nicht anders als ge-
mütvoll und liebenswert zu denken.

Als Herr Sievers die innere Stadt erreichte, war es hel-
ler Vormittag geworden, ein lebendiger, fröhlicher Vor-

mittag. Die Stimmen des Orchesters »Verkehr« hatten eingesetzt. Der junge Mann betrat ein Speisehaus mit der Absicht, kräftig und behaglich zu frühstücken.

Die Kirchtürme läuteten Mittag, als er im vierten Stock des dritten Hauses in der Gruseliusstraße klingelte. Eine ältliche Frau öffnete scheu, deren Gestalt an den Kugelaufbau eines Schneemannes erinnerte, eine Frau, deren Gesicht und Kleidung dabei etwas so Trübseliges, Verwaschenes und Ungewaschenes hatten, daß der närrische Gedanke durch Bertholds Gehirn zuckte: so ungefähr müßte man sich die Mutter des schlechten Wetters vorstellen. Er konnte ein Lächeln nicht unterdrükken, er wollte es auch gar nicht, da seine Laune voll Lustigkeit und Selbstzufriedenheit war. Überdies hatten sich die Überreste einer Mahlzeit, ein paar Makkaroni, auf unerklärliche Weise in das struppige Haar der Dame verwickelt, und das wirkte durchaus erheiternd.

Herr Sievers erhielt auf seine ausgesucht höfliche Frage nach Lygia Valtin die Antwort: Das Fräulein wäre ausgegangen, aber er sollte nur warten. Das wurde ihm etwas geheimnisvoll und nicht eben freundlich mitgeteilt, doch er nickte einverstanden. Darauf schob ihn die Frau, seine Ellbogen von hinten ergreifend, wie einen Kinderwagen durch einen nachtdunklen Korridor. In dem unbehaglichen Gedanken an Schrankecken oder Stufen wollte er Tastbewegungen machen, aber da wurde er auch schon in ein helles Zimmer gestoßen. Die Tür fiel hinter ihm zu. Er hörte, wie die Makkaronidame sich draußen auf Filzschuhen schlürfend entfernte.

Berthold hängte lächelnd Mantel und Hut an einen Kleiderständer zwischen eine blauseidene Matinee und

eine Gitarre, dann nahm er auf einem vergoldeten
Rokokostuhl Platz. Der Raum, in dem er sich befand,
sah gutmütig aus. Er war durch einen Herdofen mollig
gewärmt und – das bemerkte Herr Sievers sofort – er
war kein Zimmer von irgendjemandem, er war eine gan-
ze Welt für sich – für Lygia Valtin natürlich. Es standen
dort moderne und alte Möbel, Tisch, Stühle, Bett,
Kleiderschrank, Bücherregal, ferner ein Diwan, auf dem
eine flachsblonde Puppe mit offenen Augen schlief, ein
Reisekorb, auf dem gebrauchtes Kochgeschirr unor-
dentlich durcheinander lag – auch der Schatten unterm
Bett war indiskret. An den Wänden hingen zwei Re-
volver, ein Florett, ein Bademantel und viele Bilder.
Berthold betrachtete: Gruppenphotographien junger
Leute beiderlei Geschlechts, teils im Freien, teils in
Zimmern aufgenommen, die ebenso bunt verstellt wa-
ren wie Fräulein Valtins Behausung. Diese Bilder lebten
auf einmal. Aus ihren Rahmen sprangen Studenten,
Offiziere, Kaufleute und Damen in ärmlichen oder bes-
seren, aber immer auffallenden Kleidern, tanzten wie
trunken, lachten schmetternd und redeten komischen
Blödsinn, und eine Dame, die mehrfach vertreten war,
mußte Lygia sein.

»Leidenschaftlich, rassig, beinahe spanisch«, dachte
Berthold, und gleichzeitig hing die Gesellschaft wieder
in toter Bilderform an der Wand, »phantastisch, aber ge-
schmackvoll, mittelgroß, ebenmäßig, schlank, dunkel-
haarig – etwa 25 Jahre alt. Sieht sich gerne abgebildet«. –
Er fand sie in *grande toilette* ernst und würdig an eine
marmorne Brüstung gelehnt, als strampelnder Pierrot,
von zwei Türken getragen und auf dem Fahrrad, fesch,
kühn, mit der weltverachtenden Miene der Berufsfahrer.

Sie lag träumerisch hingegossen, seitlich auf dem Diwan, die rechte Hand in das langseidige Fell eines Hundes gewühlt, der sich schlangenartig an ihrem Busen zusammengerollt hatte. Sie stand nackt, mit erhobenem Schläger, mit stolz und streng zusammengezogenen Brauen wie eine rächende Göttin vor ihrem Schrankspiegel, der hinterrücks ihre göttlichen Rundungen verriet. An einem Necessaire auf der Waschkommode, zwischen einem Verschönerungsverein von Kämmen, Bürsten, Scheren, Feilen, Parfümflaschen, Augenstiften und Schminkschachteln, lehnte ein Kopf von Lygia, in greller Beleuchtung gezeichnet, ein Kopf mit wild verzerrten Augen und wirrem, aufgelöstem Haar. Der wie zum Schrei geöffnete Mund entblößte eine Reihe makelloser Zähne. Unter dem Bild stand »Dementia«.

»Sie kann schauspielern, sie hat Raffinement«, sagte der junge Mann laut vor sich hin. Seine Worte kamen nicht so gleichgültig heraus, wie er sie auszusprechen sich unwillkürlich bemühte. »Und das ist ihre Mutter«, fuhr er noch lauter, ja fast mit einem freudigen Schrei fort, indem er sich dicht an das vergilbte Porträt einer alten Frau beugte. Ein Kranz noch feuchtfrischer Tannenzweige war über das Bild gehängt. Berthold sah nach der Uhr. Es war so ganz still in dem Zimmer. Nur ein Kanarienvogel schrie unaufhörlich Pie-eps, pie-eps. Sein Käfig stand zwischen grotesken Kakteen und kleinen, aber gut gepflegten Palmen auf dem einzigen Fenstersims. Man hatte ihm einen Berg von Futterkörnern aufgeschüttet, der für einen Monat ausreichen konnte, doch das Trinkgefäß des Vogels war leer. Die Erde in den Gewächstöpfen war hart und trocken. Berthold überzeugte sich davon, während er lange vor dem Fenster,

oder wie er es taufte, vor Lygias »Garten« auf- und
abschritt. »Warum kommt sie nicht!« redete er den
Vogel an, und als dieser keine menschliche Antwort
gab, nannte er ihn ein dummes Tier, das nichts verstände
als Pie-eps zu schreien und blanke Kupferstäbe zu be-
schmutzen. Dann wollte er wieder auf dem Stuhl Platz
nehmen, aber dieses Möbel hinkte, darum vertiefte
er sich lieber in einen bequemen Klubsessel und begann
seine Begrüßungsrede mit Betonung der einundzwanzig
Nägel zu memorieren. Er sah wieder nach der Uhr, er-
hob sich wieder, ging wieder geraume Zeit auf und ab.

Lygias Bett war aufgedeckt. Wie sauber es glänzte!
Berthold erinnerte sich an den Schnee. Zu Fußende war
ein Spiegel und darüber ein Kruzifix angebracht, hinter
dem eine Hundepeitsche steckte. Auf den mit Sticke-
reien durchbrochenen, luftig aufgebauschten Kissen lag
ein Stoß weicher Spitzenhosen. Herr Sievers hielt kurz
den Atem an, verdrehte die Augen, tauchte für einen
Moment das Gesicht in die Wäsche und, obgleich er sich
allein wußte, trat er doch darauf schnell und verlegen
zurück. –

Pie-eps, pie-eps klang es vom Fenster her. Er ging auf
und ab, trat ans Bücherregal und fing an, die Bände der
Reihe nach herauszuziehen; Pakete, die ihn nicht er-
reichten, von Jakobus Schnellpfeffer, Rabelais, Gon-
tscharows »Oblomow«, Goethes Gedichte, Ursache
und Behandlung der Maul- und Klauenseuche, Die
Kindsmörderin –

»Wem gehören diese Bücher?« fragte er sich. »Es ist
doch viel Gutes darunter, und der Kupferstich über dem
Regal ist vorzüglich.«

Er lächelte, gähnte rücksichtslos und freute sich über

die Unbefangenheit, mit der er Lygias Zimmer unter-
suchte. Trotzdem erkaltete sein Behagen an einem ge-
wissen Gefühl des Fremdseins, ohne daß er sich dessen
bewußt ward, und wie es ihm nicht gelang, die beobach-
teten Einzelheiten zu einem ganzen Gebäude zusam-
menzufügen, so fand er auch keinen Übergang von
Lygias Häuslichkeit zu seiner eigenen.

Pie-eps, pie-eps klang es durch die Stille. Es war spät
geworden. Er sah es an der vorgerückten Dämmerung,
deren Schatten das Zimmer merkwürdig entstellten. Er
entzündete eine schlecht geputzte Stehlampe – mit der
rotglasigen Ampel überm Bett verstand er nicht umzu-
gehen. In spielerischen Schritten, den Kopf auf die Brust
geneigt, umkreiste er mehrmals den Tisch. Später setzte
er sich an den Schreibtisch, zog Schubfächer heraus und
– er wußte, daß es unrecht war – begann Briefe durchzu-
lesen.

Es waren ihrer viele, aber er las sie alle, bedächtig,
langsam, mit zunehmender Spannung. Währenddem
wurde sein Gsicht von einem Ausdruck des Ernstes und
von einer edlen Ruhe verschönt.

Um ihn herum war alles still, auch der Vogel am Fen-
ster schwieg jetzt. Herr Sievers saß lange Zeit vor den
Briefen. Seine Gedanken errichteten Stufe für Stufe die
Treppe, auf welcher Lygia Valtin geschritten – abwärts-
geschritten war. Er stellte sie sich vor, wie sie zaghaft ans
Geländer geklammert, hinabgeschlichen, wie sie, als die-
ses aufgehört hatte, gestolpert, gefallen war, sich aufge-
richtet hatte, wieder vorsichtig, dann leichtsinniger
über die kalten Stufen gelaufen, zuletzt getanzt war und
nun im Schwung nicht mehr einzuhalten vermochte.

»Wie verwunderlich ist das Leben«, sagte er, als ob er

etwas ganz Neues aussprüche, und fügte hinzu: »Wo
bleibt sie nur? Und ob mich denn die Wirtin ganz ver-
gessen hat?«

Indes mahnte ihn plötzliche Müdigkeit an eine
Nachtwache. Ihn wandelte das Verlangen an, sich auf
Lygias Diwan auszustrecken und einzuschlummern wie
ein Märchenprinz in fremdem Garten, ohne zu wissen,
wie er erwachen, wer ihn wecken würde. Wunderschön
mußte es doch sein, jetzt sanft, allmählich jede Klarheit
zu verlieren, hinüber zu gehen in die Träume, willenlos
dem Gedanken ergeben, daß er sich Unbekannten über-
lasse, daß Unbekannte ihn, den Unbekannten, finden
würden. Und als er sich wirklich ganz leise, behutsam,
aber doch bequem neben der flachsblonden Puppe nie-
derließ, auf dem Diwan, der gewiß schon oft das Rau-
schen von Seide, das Stammeln der Leidenschaft und die
herben Seufzer der Einsamkeit vernommen hatte, da
ging eine leise Traurigkeit über ihn.

So lag er und sann über Lygia nach. Was würde sie
wohl sagen und mit welchen Bewegungen, welcher
Stimme? Ob sie wohl sehr spät käme? Aber er hatte
sechs Stunden gewartet, er konnte auch sieben Stunden
warten. »Vielleicht kommt sie nicht allein«, überlegte er,
»und sie ist kühl, verwundert, dankt trocken, und ihr
Begleiter lacht. Vielleicht kommt sie doch allein, die
schlanke Frau, von der ich so viel weiß. Sie kann auch
böse sein oder mit der Zunge anstoßen, oder, ohne über
meinen Besuch zu erstaunen, sich auf meine Knie set-
zen.«

Ihm fiel jenes Sprichwort ein, das mit einfältigen
Worten eine hübsche Weisheit faßt: Wenn's am besten
schmeckt, soll man aufhören.

Herr Sievers erhob sich hastig. Er schlüpfte in seinen Mantel, setzte den Hut auf, knüpfte das gefundene Notizbuch wieder in das Seidentuch und warf es nahe dem Kleiderständer auf den Boden. Er tat das mit einer wachsenden inneren Aufregung. Dann verließ er das Zimmer. Jedoch im Rahmen der geöffneten Tür kehrte er nochmals um, ergriff einen Meißener Waschkrug und goß mit zitternder Hand Wasser in die Gewächstöpfe und in den Trinknapf des Kanarienvogels. Nun schlich er davon und erreichte die Straße, ohne jemandem begegnet zu sein.

Und obwohl er müde, hungrig und ungewaschen heimkehrte, erfüllte ihn doch ein geheimnisvolles Behagen, wie es ein guter Mensch empfindet, der durchs Schlüsselloch etwas Ungeniertes beobachtet hat, wie etwa ein Vater, der seinen Kindern so zugesehen hat.

Ja, auch er, Berthold, hatte durch ein Schlüsselloch, durch das Schlüsselloch eines Lebens geschaut, und da er daran dachte, daß es Millionen solcher Leben gab, von denen jedes wieder seine eigene Gestaltung besaß, war es nicht nur Behagen, was ihn erfüllte, war es ein tiefes Ergriffensein vor der Unermeßlichkeit der Menschheit.

Die Woge. Marine-Kriegsgeschichten

(1922)

Totentanz

Da blieb es nun abwartend auf dem Grunde des Meeres liegen, das Unterseeboot, und lächelte vor Sicherheit über die feindlichen, armierten Fischdampfer, die dreißig Meter darüber wütend nach ihm ausspähten.

Die Besatzung speiste, erstaunlich viel und erstaunlich gut, dann suchte ein Teil dieser gesundheitssprahlenden Menschen in Bänken, Spinden, in der Wand oder in der Luft ihre Schlafstätten auf. Die übrigen Seeleute, darunter der Kommandant, rückten beinahe familiär am einzigen Tische zusammen, und während ihre geringschätzigen Blicke vergeblich die alles überwuchernde, wunderbar wirre Maschinerie loszulassen trachteten, dachte gewiß jedermann leidend an den Tabak, der nicht geraucht werden durfte.

Darüber entstand der Wunsch, die Zeit irgendwie froh gemeinsam zu vertreiben. Schach? Nein. Skat? Der dritte Mann sägte bereits im Schlafe Tekholz oder so etwas. Heizer Karper schaffte das Grammophon herbei. Matrose Schreyer schleppte das Grammophon sofort wieder weg im stummen Beifall aller. Nur noch eine Platte war gebrauchsfähig, die kreiste täglich zehn- bis zwanzigmal. Man hatte an Bord keinen Respekt mehr vor dem Kammersänger Heinz Lebrun. Man pfiff oder trommelte mit Holzpantoffeln und Tischmessern zu seinem ewigen Liede: Wenn dir ein Mädchen recht gefällt, und sie hat einen andern, dann ist's am besten, in die Welt zu wandern. –

»Soll ich einmal mit euch die russischen Schlachtschiffe durchsprechen?« fragte der Kommandant. Doch dieser Vorschlag erfror und weiteren Vorschlägen erging es nicht besser, ob der Indolenz und einer frivolen Sucht der Mariner, jedwede Sache ins Lächerliche zu zerren. »Ich werde an meine Memeler Berta schreiben«, wandte sich Lüng an den leitenden Ingenieur, »wollen mir Herr Aspirant das nicht mal 'n bisken aufsetzen, von wegen das Göhr, und daß ich mit Felix Pillak losen will, wer der Vater ist?« Der Aspirant grinste. Hammerbruck gähnte. Karper schwankte in Gedanken faul, ob er das fleckige, in Segeltuch gebundene Heft hervorkramen sollte, worein er sich »Tetsches Hochtid«, »Die Negerbraut« und andere eindrucksvolle poetische Stücke gesammelt hatte.

Grössel, der neue Torpedermaat, den man noch nicht anders als einsilbig kannte, hatte sich auf der Steuerbordbank hintenüber gelehnt und die Augen geschlossen, schlief aber offenbar nicht, denn er kaute seiner Gewohnheit nach einen Stengel Vanille zwischen den Zähnen durch. Die andern am Tische machten sich aus Langerweile über ihn lustig. »Piter Grössel zieht seine Sargdeckelvisage.« »Er hat wieder zu tief in die Kömbuttel gepeilt«, spaßte der Olle. Auch unter Seeoffizieren ist es Brauch, sich dann und wann durch unkomplizierte Witzchen populär zu machen.

»Nee, ik glöve, he het's mit de Angst kregen«,

krächzte Felix Pillak, »heis bang.« Und Hammerdruck
spottete: »He drümt von Ruhm un Ehr und vom isernen
Krüz.«

Schreyer fügte in anstrengendem Hochdeutsch und
mit besonders schlauem Ausdruck hinzu: »Torpeder-
maat ist melangscholisch. He denkt an Seemansgrab
oder hat Sehnsucht nach sin Fru.«

Solche Bemerkungen lohnte man regelmäßig durch
ein tölpliges Gelächter, welches Grösseln feindseliger
vorkam, als es war, welches immerhin aber nicht einer
gewissen provozierenden Graumsamkeit entbehrte.

Der Torpedermaat öffnete die Augen, und die Tisch-
gesellen waren reichlich gespannt auf seine Entgegnung.
Denn Grössel hatte ganz speziale Ansichten, so gewähl-
te Ausdrücke und so, und wenn er redete, gab es wenig-
stens stets Neues zum Belachen. Nun ließ er seine Blicke
zugespitzt durch die Runde marschieren und hub dann
mit überraschender Ruhe an: »Ihr habt recht. Ich dach-
te an meine Frau und sann melancholisch über Krieg
und Angst und Ruhm und Schrecken nach, und ich ha-
be vordem heimlich Rum getrunken, was ich oft tue,
wenn mich die Furcht befällt, ich könnte jemals in unse-
rer Seeinsamkeit so feinfühlig, klugdenkend und wahr-
heitsliebend werden, als ihr seid. – Laßt euch genauer er-
klären, was mich soeben beschäftigte; es ist die Ge-
schichte, wie ich mit dem Kreuzer ...«

»Kennen wir!« »Wissen wir längst! Wie ihr auf die
Mine ranntet und du später bewußtlos durch ein V.-boot
von einem Scheibenfloß aufgepickt wurdest.«

»Dat hest du all fofftein mal vertellt.« »Nur das äuße-
re Allgemeine. Doch dahinter steckt mehr, was ich euch
gern mitteilen möchte, weil – – hm, wozu ein weil?«

»Na, dann lög mal too!« Die Seeleute am Tisch ver-
einbarten durch geheime Püffe und Augenzwinkern, die
angekündigte, angeblich wahre Historie möglichst zur
allgemeinen Belustigung auszubeuten.

»Als die Detonation erfolgte« – Grössel nahm die
Vanille aus dem Munde und sah, Wort für Wort mit
Überlegung berichtend, fortan über die Köpfe hinweg
ins Leere – »befand ich mich mit einem Deckoffizier
und dem Matrosen Leske im Zwischendeck an der Kan-
tine …«

»Er soff also mal wieder!« warf der Aspirant lachend
ein. »Leske, der – er tanzt – ich haßte Lesken. Ich kann-
te ihn bereits vor dem Kriege. Er hat meine Frau behext.

Er tanzte leidenschaftlich, und meine Frau verehrte
den Tanz geradezu inbrünstig. Ich selbst goutiere diese
Kunst nicht, weil ich ein ungeschickter Tänzer bin. Aber
meiner Frau zu Gefallen führte ich ihr auf einem
Vereinsball Herrn Leske zu, der gleich mir den Beruf ei-
nes Buchhändlers ausübte und mit dem ich als Kollege
früher, allerdings mehr geschäftlich, zu tun gehabt hatte.

Ich schaute zu, als er und meine Frau tanzten. – Es
war wie Meeresdünung, wie Möwenflug.

Hatte ich bisher geglaubt, der Tanz sei eitel Übermut
und stimmte zur Lustigkeit, so beobachtete ich nun
überrascht, daß meine Frau und ihr Partner in einem je-
ner modernisierten exotischen Tänze aneinander ge-
schmiegt, in Haltung und Bewegung gleichsam einander
ergänzend, fragend und antwortend, daß sie weder ein-
mal lächelten, noch auch nur eine Silbe mitsammen re-
deten; daß vielmehr während dieses langwährenden
Kreisens, vor dem sich alle anderen Paare wie bewun-
dernd zurückgezogen hatten, ihre Augen mählich einen

wunderlichen Glanz von Schwermut annahmen. Das war es wohl, was mich auf die närrische Idee brachte, sie mit zwei vom Strudel Ergriffenen, die treu umschlungen hinaus in die offene See gerissen werden, und mit einem gestorbenen Geschwisterpaar zu vergleichen, das ein Engel auf Fittichen zum Himmel trägt ...«

»He snackt as 'n Fiefgroschenroman«, unterbrach Felix Pillack, und einige von den anderen stießen ein Gelächter auf, welches der Kommandant jedoch durch einen gutmütigen Wink abschnitt.

»Ich sah also den beiden Tanzenden zu, anfangs, sie froh wähnend, mit Freude, später eigenartig ergriffen, aber, bei Gott, durchaus ohne Eifersucht. Die war mir bis dahin fremd geblieben. Ich hatte mit Elsen in einem unbefangenen, ich möchte sagen, durchsichtigen und uferlosen Glücke gelebt; mehr innige Freunde als Gatten. An jenem Festabend ging das entzwei. Felix möchte vielleicht nicht mit Unrecht wieder behaupten, es vernehme sich wie ein Groschenroman, wenn ich ausführen wollte, wie meine Frau seitdem stiller, verschlossener und nach und nach kränklich wurde, wie ihre verweinten Augen mich erschreckten und ich mir über die Ursache ihres uneingestandenen Kummers, die möglicherweise anfangs noch ein unbewußtes Sehnen war, Sorgen machte; wie ich umsonst alles aufbot, Elsen zu beglücken, sie zu heilen, und wie häßlich, drückend sich die Wochen hindehnten, bis ich herausbrachte, daß Leske, der Tänzer, es meiner Frau angetan hatte, er, der keine zehn Worte mit ihr wechselte. Sie bekannte es nie. Aber während wir einst einen Schloßpark querten, brach sie in Schluchzen aus, da sie, auf einen Busch Hortensien deutend, unvermittelt mir zurief: ›So marmorn vornehm bist du! Aber ich – –‹. Und ein andermal flüsterte sie im Schlafe deutlich vernehmbar den Namen Leske.

Lacht nicht! Die von euch selbst verheiratet sind, mögen sich vergegenwärtigen, welchen Reichtum an Jugendhoffnungen und Idealen, an wonnewilder Männerfreiheit und bunten, lebenstrunkenen Freundschaften wir hingaben, da wir heirateten, und wie eisig uns eines Tages die Erkenntnis anwehen muß, daß wir dieses Unersetzliche für einen Trug opferten. Als mich solchermaßen jähe, frostige Klarheit überfiel und ich mir augenblicklich die Beobachtung rekonstruierte, Else habe mich seit langem lieblos behandelt, da mischte sich ein harter Groll in meine Liebe zu ihr. Es war, als blickte ich verwünschend und weinend vom abendlichen Ufer einem entschwindenden Segel nach, mit dem ein Seeräuber mein Liebstes entführte.

Ich fing an, diese Frau und unser Töchterlein mit Vorwürfen und Argwohn zu quälen. –

Sie ertrugen's stumm und geduldig; das reizte noch mehr. Leske ist niemals unser Gast gewesen. Seitdem er auf jenes Fest hin mir eine einfache lobende Artigkeit betreffs der Tanzmeisterschaft meiner Frau geschrieben hatte, sah und hörte ich für Monate nichts mehr von ihm und mied ihn. Heute meine ich, daß er, von seiner Tanzbegeisterung abgesehen, weiter kein Interesse an meiner Gattin nahm. Damals, durchs Prisma der Eifersucht, sah ich anders. Als dann der Krieg mich von Weib und Kind trennte und zufällig zum Vorgesetzten meines vermeintlichen Rivalen machte, da ließ ich einen rohen Haß auf diesen Mann los, indem ich, die mir zu Gebote stehende Macht ausnutzend, ihn schikanierte, drangsa-

lierte, wo immer sich Gelegenheit bot. Oft drohte es
meinen Verstand zu zerstören, daß auch dieser Matrose
meine Verfolgungen ohne Widerspruch hinnahm, ja, sie
gar nicht zu erfassen schien. Derweilen, und bis heute,
führte ich mit meiner Frau eine nicht zu umgehende, er-
quält gefällige, schleppende Korrespondenz. Und doch
liebe ich diese Frau. Wie ich sie liebe! – – Ei, wohin ge-
rate ich? – Nun lacht! – Lacht doch! –

Leske konnte so lachen. Immerzu lachen, und singen
und tanzen. Ach, wie haßte ich diesen kritik- und ge-
haltlosen Frohsinn an ihm und den meisten anderen
Leuten.

Leske war nie verdrossen. Er wartete, wenn wir ein-
liefen, stets als Erster zur Urlaubsmusterung angetreten,
ein schneidig angezogener, sehniger, hoher Bursche,
dem ein unbezwingbares Verlangen nach den billigen
Landvergnügen der Matrosen aus den Augen blitzte.
Dabei doch jederzeit ein eifriger Soldat, ein flinker
Seemann. – Hm.

In einer stillen Stunde, am Tage, da wir die englischen
Häfen beschossen hatten, – ja, ein winziges Insekt, eine
Fliege war es, die meinen Gedankengang zur Reue lenk-
te, – sah ich meine Ungerechtigkeit ein, bekannte ich vor
meinem Gewissen, daß die ausfüllende Freude an den
anspruchslosesten Amüsements mich nur deshalb ärger-
te, weil ich den Weg zu ihr nicht fand, weil ich Lesken
samt seinen Gleichgesinnten darum beneidete. Ich hatte
mich in der Zeit vorangeträumt und angenommen,
Leske sei in einem Gefecht gefallen. Da dünkte mir auf
einmal, sein leichter Frohmut habe etwas kindlich
Rührendes, fast Heiliges gehabt.

So tappen wir in den engen Straßen der Stadt an man-

chem schönen Haus neunundneunzigmal achtlos vor-
über, bis wir beim hundertsten Male vom rechten Ab-
stand aus unvermutet gebannt seine Reize erschauen.

Also von da an behandelte ich den Matrosen mit
Herzlichkeit. Er nahm solches Wohlwollen mit demsel-
ben höflichen Gleichmut auf wie bisher meine Feind-
seligkeit. – Kurze Zeit nachdem zwang Nebel unser
Schiff, abends dicht vorm Hafen noch zu ankern. Ich
trat im Zwischendeck an die Kantine heran, um Zwirn
zu kaufen, im Wahrsten, um Lesken, der dort im blauen
Urlaubsstaat pfeifend auf und ab lief, ein Freundliches
zu sagen. Bevor ich jedoch noch hierzu kam, stürzte
ein Deckoffizier heran, forderte aufgeräumter Laune
einen »Polargestimmten« und rief dem Matrosen zu:
»Na, Glückwunsch, Leske! Ihre Paradebüchs hat's
Wetter umgestimmt. Die Luft klart sich, wir lichten
Anker.«

Leske antwortete nur mit einem glückseligen Wiegen
des Oberkörpers, das ein unbeschreibliches, wehes Ge-
fühl in meiner Brust bewirkte. –

Tanz. –

Ich habe das nicht vergessen trotz der folgenden ge-
waltigen Ereignisse. Denn unmittelbar danach geschah
die Explosion. Ein gräßlicher Schlag, ein minutenlanges
schauriges Prasseln, Splittern, Krachen und Rauschen.

Sämtliche Lampen waren auf eins verloschen. Der
Boden entglitt meinen Füßen, ich bekam in der Fin-
sternis einen Stützen zu fassen, hatte den blitzartigen
Gedanken, es sei merkwürdig, daß ein großer Kreuzer
auf See genau so umkippe wie ein Spielzeugschiff auf
dem Kindertisch. Darauf wurde ich von eisiger Flut ein-
gehüllt, erinnerte mich konzentriert einer Deckschiene,

die zum Aufgang des Zwischenraums leiten mußte, erta-
stete diese Schiene, enterte mich in höchster Anstren-
gung und Angst, ohne zu atmen, daran entlang – und auf
einmal stieg ich, erreichte die Luft. Die göttliche Luft.

Es war auch hohe Zeit, denn schon begann es in den
Schläfen zu hämmern. Nun schwamm ich, geradezu,
immer geradezu, vor mir und zu beiden Seiten Nebel
und Wasser in einer erbarmungslosen Färbung ver-
mengt. Darin rudernde Arme, rote, keuchende, schrei-
ende Gesichter. Bis ich des Floßes mit der Pängscheibe
ansichtig wurde, welches wir für Schießübungen an
Bord geführt hatten. An dem eisernen Bügel zog ich
mich hinauf. Am anderen Ende hing schon jemand fest-
gekrallt; es mußte der Decksläufer sein, denn er war mit
dem Seitengewehr umgürtet. Das bemerkte ich sofort,
obwohl ich Mühe hatte, mich selbst auf dem Gebälk zu
balancieren, das durch meine Last sich bedenklich unter
die Wasserfläche drückte. Meine Sinnenkraft schien ver-
zehnfacht, ich vermochte gleichzeitig nach verschiede-
nen Richtungen hin die geringsten Einzelheiten wahr-
zunehmen.

Wir, das heißt: das Floß und im eng vom Nebel be-
grenzten Umkreise mehrere Schwimmer, die auf uns zu-
strebten, wurden von der Strömung langsam davonge-
tragen; zu meinem Schrecken ließen wir ein Geräusch
von Ruderschlägen und Kommandostimmen hinter uns
zurück.

Der Läufer und ich: wir sprachen uns nicht an, unser
Atem war noch zu aufgebracht. Wir hingen an dem
Bügel und verfolgten kalten Auges das Schicksal der
Menschen im Wasser, die sich auf uns zuarbeiteten, wür-
delose, krasse Selbstsucht in den Mienen und mit käfer-

hafter Brutalität, wenn sie zusammengerieten. Nun griff der vorderste von ihnen nach dem Floß, und dieses sank mit uns rasch unter. Aber wir tauchten wieder empor, der Läufer und ich noch am Bügel. Der Dritte hatte losgelassen, schwamm neben uns her und versuchte von neuem, die Pängscheibe zu erreichen. Ich wollte abwehren. Das Floß trüge uns drei nicht. Ich blieb vor Kälte stumm und regungslos. –

Könnte ich das angstvolle Gesicht vergessen und die verzweifelte, violette Hand, die nach dem Bügel haschte.

Sie faßte ihn. Aber der Läufer riß im Nu sein Seitengewehr heraus und tat einen entsetzlichen Hieb.

Danach war der dritte Mann nicht mehr da. Seine gekrümmte Hand jedoch, mit blutigem Gelenkstumpf, hing noch mehrere Augenblicke lang am Bügel, bis sie als ein kraftloser Gegenstand herabfiel.

Mittlerweile hatte sich die Zahl der um uns herum im Wasser ringenden Seeleute vermindert; die Strömung oder Kopflosigkeit hatten sie zerstreut, viele mochten erschöpft in die Tiefe gegangen sein, andere verbarg die dicke Luft. Aber während wir mit dem sich sanft um seine Achse drehenden Floß stetig weiterschlichen, zeigten sich neue Bilder des Unglücks und verloren sich wieder im grauen Dunst.

Da trieb ein Hund; er hatte an Bord dem Oberfeuerwerker gehört und uns oft zur Kurzweil gedient. Dieses Tier und ein Leutnant schwammen einander entgegen, ganz nahe von uns, so daß mir deutlich der Ausdruck in beider Augen auffiel: der Leutnant in einer fast tierischen Gier etwas zu packen, was ihn über Wasser hielte, der Hund mit einer herzergreifenden, flehenden Hilflosigkeit. Welche Szenen! Da ruderte der Lotse, der dicke dreiste Kannebier. Plötzlich hob er die Arme, schrie mit durchdringender Stimme: »Jesus Maria, meine arme Frau!« und sackte ab.

Für das alles hatte ich Augen, ich, der ich fror, schrecklich fror, mit den Zähnen klapperte und nicht wußte, wo wir hinsteuerten, – für mich nur den instinktiven Vorsatz: Halte fest und rühre dich nicht! –

Der Läufer drehte mir den Rücken zu. Noch immer hatten wir kein Wort gesprochen. Es grauste mir vor dem Manne, der den Arm durchschlagen hatte. Er schwang noch die blanke Waffe in der Rechten. ›Laß uns laut schreien‹, rief ich ihn endlich an. Er wandte sich um.

Schauerlich! Offenbar hatte ihn der Wahnsinn befallen. Seine Augen waren herausgequollen, das Gesicht grünlich, und aus seinen Mundwinkeln floß dicker, ekelhafter Schaum.

Er entgegnete, nicht laut, aber in einem unerhört grauenhaften Tone: »Wenn du schreist, stech ich dir das Hirn aus, Brüderchen.« –

Ich war bereits gelähmt von der eisigen Kälte. Ich wollte einen Plan bauen für den Fall, daß mich der Wahnsinnige angriffe, aber meine eigenen Gedanken brachen auseinander.

Dann oder viel später kam für kurze Frist ein Toter in unseren Sichtbann, ein alter, weißhaariger Heizer, der mit angezogenen Armen und Beinen, mit offenen, glasigen Augen erstarrt auf dem Rücken dahintrieb. Sein Trauring glänzte. – Vielleicht habe ich später zeitweilig das Bewußtsein verloren; ich erzählte euch bereits, daß ich viele Stunden auf dem Floß zugebracht haben muß.

Jedenfalls erwachte nach einem apathischen Zustande
mein Erkennungsvermögen plötzlich, da ich mich bei
klarem Wetter auf weiter, von einer kräftigen Brise ge-
wellten See befand und nicht ohne Genugtuung den
Läufer vermißte. Das Floß, dessen Metallstange ich
noch immer krampfhaft umklammert hielt, schaukelte
lebhaft im Seegang, und in seinem Kielwasser gewahrte
ich etwas Neues, etwas Gräßliches; einen toten Ma-
trosen – Lesken. Ohne Zweifel war es Leske. Er hatte ei-
nen anderen Mann umschlungen, und in dem erkannte
ich jenen weißhaarigen Alten wieder. Er lag über diesem
Leichnam und unter ihm, sie drehten sich beide Brust an
Brust in der wogenden Strömung umeinander. Auch
Leske tot und steif, aber mit geschlossenen Lidern und
die Arme wie im Tanze um den anderen Ertrunkenen
verschränkt. Sie drehten sich – sie tanzten. Tanzten im-
merzu. Ich wendete mich ab, sah ein Boot und fiel wohl
dann in Ohnmacht ...«

Der Sprecher pausierte und ließ wieder seinen festen,
ruhevollen Blick kreisen. Einige der Zuhörer ertrugen
diesen, andere senkten den Kopf. »Mir hat«, fuhr
Grössel fort, »kürzlich ein Straßenmädel die Karte ge-
legt, eine fremde, aufgelesene Dirne, die nichts über mei-
ne Verhältnisse wissen konnte, ich trage auch keinen
Ring; die prophezeite mir unter anderem, ich würde
meine Frau nicht wiedersehen. – Nun ...«

Grössel sprach nicht weiter. Die Gesellschaft schwieg
ernst, und weil sich eine gewisse Verlegenheit anmelde-
te, stand der Torpedermaat auf, zog das Grammophon
hervor und stellte es an.

Heinz Lebrun sang mit weicher, reiner Stimme:

… Wenn dir ein Mädchen recht gefällt,
Und sie hat einen andern,
Dann ist's am besten,
Aus der Welt zu wandern. –

Bis das Lied ausklang, und darüber hinaus, bewahrten
die lauschenden Seeleute eine aufrichtige, andächtige
Stille – – dort unten, in dem Boote, dreißig Meter unter
dem Meeresspiegel.

Aus

Turngedichte (1923)

***

Turnermarsch
(Melodie: Leise flehen meine Lieder)

Schlagt die Pauken und Trompeten,
Turner in die Bahn!
Turnersprache laßt uns reden.
Vivat Vater Felix Dahn!
Laßt uns im Gleichschritt aufmarschieren,
Ein stolzes Regiment.
Laß die Fanfaren tremulieren!
Faltet die Fahnen ent!

Die harte Brust dem Wetter darzubieten,
Reißt die germanische Lodenjoppe auf!
Kommet zu Hauf!
Wir wollen uns im friedlichen Wettkampf üben.

Braust drei Hepp-hepps und drei Hurras
Um die deutschen Eichenbäume!
Trinkt auf das Wohl der deutschen Frauen ein Glas,
Daß es das ganze Vaterland durchschäume.
Heil! Umschlingt euch mit Herz und Hand,
Ihr Brüder aus Nord-, Süd- und Mitteldeutschland!
Daß einst um eure Urne
Eine gleiche Generation turne.

Freiübungen
(Grundstellung)

Wenn eine Frau in uns Begierden weckt
Und diese Frau hat schon ihr Herz vergeben,
Dann (Arme vorwärts streckt!)
Dann ist es ratsam, daß man sich versteckt.
Denn später (langsam auf den Fersen heben!)
Denn später wird uns ein Gefühl umschweben,
Das von Familiensinn und guten Eltern zeugt.
(Arme – beugt!)
Denn was die Frau an einem Manne reizt,
(Hüften fest – Beine spreizt! – Grundstellung)
Ist Ehrbarkeit. Nur die hat wahren Wert,
Auch auf die Dauer (Ganze Abteilung, kehrt!).
Das ist von beiden Teilen der begehrtste,
Von dem man sagt: (Rumpfbeuge) Das ist der
                    allerwertste.

Klimmzug

Das ist ein Symbol für das Leben.
Immer aufwärts, himmelan streben!
Feste zieh! Nicht nachgeben!
Stelle dir vor: Dort oben winken
Schnäpse und Schinken.
Trachte sie zu erreichen, die Schnäpse.
Spanne die Muskeln, die Bizepse.
Achte ver die Beschwerden.
Nicht einschlafen. Nicht müde werden!

Du mußt in Gedanken wähnen:
Du hörtest unter dir einen Schlund gähnen.
In dem Schlund sind Igel und Wölfe versammelt.
Die freuen sich auf den Menschen, der oben bammelt.
Zu! Zu! Tu nicht überlegen.
Immer weiter, herrlichen Zielen entgegen.
Sollte dich ein Floh am Po kneifen,
Nicht mit beiden Händen zugleich danach greifen.
Nicht so ruckweis hin und her schlenkern;
Das paßt nicht für ein Volk von Turnern und
                            Denkern.
Klimme wacker,
Alter Knacker!
Klimme, klimb
Zum Olymp!
Höher hinauf!
Glückauf!
Kragen total durchweicht.
Äh – äh – äh – endlich erreicht.
Das Unbeschreibliche zieht uns hinan,
Der ewigweibliche Turnvater Jahn.

Fußball

(nebst Abart und Ausartung)

Der Fußballwahn ist eine Krank-
Heit, aber selten, Gott sei Dank.
Ich kenne wen, der litt akut
An Fußballwahn und Fußballwut.

Sowie er einen Gegenstand
In Kugelform und ähnlich fand,
So trat er zu und stieß mit Kraft
Ihn in die bunte Nachbarschaft.
Ob es ein Schwalbennest, ein Tiegel,
Ein Käse, Globus oder Igel,
Ein Krug, ein Schmuckwerk am Altar,
Ein Kegelball, ein Kissen war,
Und wem der Gegenstand gehörte,
Das war etwas, was ihn nicht störte.
Bald trieb er eine Schweineblase,
Bald steife Hüte durch die Straße.
Dann wieder mit geübtem Schwung
Stieß er den Fuß in Pferdedung.
Mit Schwamm und Seife trieb er Sport.
Die Lampenkuppel brach sofort.
Das Nachtgeschirr flog zielbewußt
Der Tante Berta an die Brust.
Kein Abwehrmittel wollte nützen,
Nicht Stacheldraht in Stiefelspitzen,
Noch Puffer außen angebracht.
Er siegte immer, 0 zu 8.
Und übte weiter frisch, fromm, frei
Mit Totenkopf und Straußenei.
Erschreckt durch seine wilden Stöße,
Gab man ihm nie Kartoffelklöße.
Selbst vor dem Podex und den Brüsten
Der Frau ergriff ihn ein Gelüsten,
Was er jedoch als Mann von Stand
Aus Höflichkeit meist überwand.
Dagegen gab ein Schwartenmagen
Dem Fleischer Anlaß zum Verklagen.

Was beim Gemüsemarkt geschah,
Kommt einer Schlacht bei Leipzig nah.
Da schwirrten Äpfel, Apfelsinen
Durch Publikum wie wilde Bienen.
Da sah man Blutorangen, Zwetschen
An blassen Wangen sich zerquetschen.
Das Eigelb überzog die Leiber,
Ein Fischkorb platzte zwischen Weiber.
Kartoffeln spritzten und Zitronen.
Man duckte sich vor den Melonen.
Dem Krautkopf folgten Kürbisschüsse.
Dann donnerten die Kokosnüsse.
Genug! Als alles dies getan,
Griff unser Held zum Größenwahn.
Schon schäkernd mit der U-Bootsmine
Besann er sich auf die Lawine.
Doch als pompöser Fußballstößer
Fand er die Erde noch viel größer.
Er rang mit mancherlei Problemen.
Zunächst: Wie soll man Anlauf nehmen?
Dann schiffte er von dem Balkon
Sich ein in einem Luftballon.
Und blieb von da an in der Luft,
Verschollen. Hat sich selbst verpufft. –
Ich warne euch, ihr Brüder Jahns,
Vor dem Gebrauch des Fußballwahns!

Am Barren
(Alla donna tedesca)

Deutsche Frau, dich ruft der Barrn,
Denn dies trauliche Geländer
Fördert nicht nur Hirn und Harn,
Sondern auch die Muskelbänder,
Unterleib und Oberlippe.
Sollst, das Hüftgelenk zu stählen,
Dich im Knickstütz ihm vermählen.
Deutsches Weib, komm: Kippe, Kippe!

Deutsche Frau, nun laß dich wieder
Ellengriffs im Schwimmhang nieder.
So, nun Hackenschluß! Und schwinge!
Schwinge! Hurtig rum den Leib!
O, es gibt noch wundervolle
Dinge. Rolle vorwärts! Rolle!
Rolle rückwärts, deutsches Weib!

Deutsche Jungfrau, weg das Armband!
In die Hose! Aus dem Rocke!
Aus dem Streckstütz in den Armstand,
Nun die Flanke. Sehr gut! Danke!
Deutsches Mädchen – Hocke, Hocke!

Mußt dich keck emanzipieren
Und mit kindlichem »Ätsch-Ätsche«
Über Männer triumphieren,
Mußt wie Bombe und Kartätsche
Deine Kräfte demonstrieren.
Deutsches Mädchen – Grätsche! Grätsche!

Ringkampf

Gibson (sehr nervig), Australien,
Schulze, Berlin (ziemlich groß).
Beißen und Genitalien
Kratzen verboten. – Nun los!

Ob sie wohl seelisch sehr leiden?
Gibson ist blaß und auch Schulz.
Warum fühlen die beiden
Wechselnd einander den Puls?

Ängstlich hustet jetzt Gibson.
Darauf schluckt Schulze Cachou.
Gibson will Schulzen jetzt stipsen.
Ha! Nun greifen sie zu.

Packen sich an, auf, hinter, neben, in,
Über, unter, vor und zwischen,
Statt, auch längs, zufolge, trotz
Stehen auf die Frage wessen.
Doch ist hier nicht zu vergessen,
Daß bei diesen letzten drei
Auch der Dativ richtig sei.

(Pfeife des Schiedsrichters.)

Wo sind die Beine von Schulze?
Wem gehört denn das Knie?
Wirr wie lebendige Sulze
Mengt sich die Anatomie.

Ist das ein Kopf aus Australien?
Oder Gesäß aus Berlin?
Jeder versucht Repressalien,
Jeder läßt keinen entfliehn.

Hat sich der Schiedsmann bemeistert,
Lange parteilos zu sein;
Aber nun brüllt er begeistert:
»Schulze, stell ihm ein Bein!

Zwinge den Mann mit den Nerven
Nieder nach Sitte und Jus.
Kannst du dich über ihn werfen
Just wie im Koi, dann tu's!«

Zum Keulenschwingen

Die Merowinger sind weit verzweigt.
Es lebte ein Merowinger,
Den die Geschichte uns leider verschweigt,
Ein wackerer Keulenschwinger.

Mit beiden Händen und Leidenschaft
Schwang er die Keulen, die schönen.
Er schwang sie mit barbarischer Kraft
Unter leisem teutonischen Stöhnen.

Er teilte die Lüfte und teilte vorbei
Mit seiner gewuchtigen Keule.
Er schlug seiner Mutter die Backe entzwei,
Erschlug seine Kinder und Gäule.

Erschlug mit übernatürlicher Kraft
Des Königs wieherndes Vollblut.
Da wurde er aber fortgeschafft
In eine Zelle für Tollwut.

Man nahm ihm die Keule, er konnte nicht mehr
Sie schwingen in sausenden Kurven.
Die Zelle ward still und nahezu leer,
Man hörte nur Schritte schlurfen.

Doch eines Tages dröhnte es dumpf.
Der Wächter tät sich beeilen.
Da sah er einen niedrigen Rumpf
Mit seinen leibeigenen Keulen
Die Wände der Zelle verbeulen.
Da fing der Mann an zu heulen.

Die Lumpensammlerin

Hält sie den Kopf gesenkt wie ein Ziegenbock,
Ihre Gemüsenase,
Ihr spitzer Höcker, ihr gestückelter Rock
Haben die gleiche farblose Drecksymphonie
Der Straße.
Mimikry.

Selbständig krabbeln ihre knöchernen Hände
Die Gosse entlang zwischen Kehricht und Schlamm,
Finden Billette, Nadeln und Horngegenstände,
Noch einen Knopf und auch einen Kamm.

Über Speichel und Rotz zittern die Finger;
Hundekötel werden wie Pferdedünger
Sachlich beiseitegeschoben.
Lumpen, Kork, Papier und Metall werden aufgehoben,
Stetig – stopf – in den Sack geschoben.

Der Sack stinkt aus seinem verbuchteten Leib.
Er hat viel spitzere Höcker.
Er ist noch ziegenböcker
Als jenes arg mürbe Weib.

Schlürfend, schweigsam schleppt sie, schleift sie die
                                    Bürde.
Wenn sie jemals niesen würde,
Was wegen Verstopfung bisher nie geschah,
Würde die gute Alte zerstäuben
Wie gepusteter Paprika. –

Und was würde übrigbleiben?
Eine Schnalle von ihrem Rock,
Sieben Stecknadeln, ein Berlock,
Vergoldet oder vernickelt.
Vielleicht auch: Vielmals eingewickelt
Und zwischen zwei fettigen Pappen:
Fünfzig, gültige, saubere blaue Lappen.

Irgendwo würde ein Stall erbrochen,
Fände man sortiert, gestapelt, gebündelt, umschnürt
Lumpen, Stanniol, Strumpfenbänder und Knochen.

Was hat die Hexe für ein Leben geführt?
Vielleicht hat sie Lateinisch gesprochen.

Vielleicht hat einst eine Zofe sie manikürt.
Vielleicht ist sie vor tausend Jahren als Spulwurm
Durch das Gedärm eines Marsbewohners gekrochen.

Sorge dividiert durch 2 hoch x

Grübeln und grübeln nun stundenlang –
Bing – Bumpf – Bang – –
Korks jetzt! Lona, und prost! Kling! Klang!
Ein Schurke ist gar kein Feind.
Hoch steht überm zeitlichen Raffinement
Die ewige Regel:
Daß immer mal wieder die Sonne scheint.
Liebstes, armes, verquollenes Kind,
So wie wir beide im Augenblick so sind,
Scheint uns die Sonne noch immer recht anständig lind.
Ihn macht sie frösteln oder sie kocht ihn jetzt heiß.
Bleiben wir aber so!
Sein wir nie schadenfroh!
Ist auch die Sache sehr unangenehm –
Jedes w soll schwinden im Schweiß,
Oder – nein, vor allem und außerdem – –
Na du weißt – – Und ich weiß – –

Kuttel Daddeldu (1923)

Vom Seemann Kuttel Daddeldu

Eine Bark lief ein in Le Haver,
Von Sidnee kommend, nachts elf Uhr drei.
Es roch nach Himbeeressig am Kai,
Und nach Hundekadaver.

Kuttel Daddeldu ging an Land.
Die Rü Albani war ihm bekannt.
Er kannte nahezu alle Hafenplätze.

Weil vor dem ersten Hause ein Mädchen stand,
Holte er sich im ersten Haus von dem Mädchen die
                                    Krätze.

Weil er das aber natürlich nicht gleich empfand,
Ging er weiter, – kreuzte topplastig auf wilder Fahrt.
Achtzehn Monate Heuer hatte er sich zusammen-
                                    gespart.

In Nr. 6 traktierte er Eiwie und Kätchen,
In 8 besoff ihn ein neues, straff lederbusiges Weib.
Nebenan bei Pierre sind allein sieben gediegene
                                    Mädchen,
Ohne die mit dem Zelluloid-Unterleib.

Daddeldu, the old Seelerbeu Kuttel,
Verschenkte den Albatrosknochen,
Das Haifischrückgrat, die Schals,
Den Elefanten und die Saragossabuttel.
Das hatte er eigentlich alles der Mary versprochen,
Der anderen Mary; das war seine feste Braut.

Daddeldu – Hallo! Daddeldu,
Daddeldu wurde fröhlich und laut.

Er wollte mit höchster Verzerrung seines Gesichts
Partu einen Niggersong singen
Und »Blu beus blu«.
Aber es entrang sich ihm nichts.

Daddeldu war nicht auf die Wache zu bringen.
Daddeldu Duddel Kuttelmuttel, Katteldu
Erwachte erstaunt und singend morgens um vier
Zwischen Nasenbluten und Pomm de Schwall auf der
Pier.

Daddeldu bedrohte zwecks Vorschuß den Steuermann,
Schwitzte den Spiritus aus. Und wusch sich dann.

Daddeldu ging nachmittags wieder an Land,
Wo er ein Renntiergeweih, eine Schlangenhaut,
Zwei Fächerpalmen und Eskimoschuhe erstand.
Das brachte er aus Australien seiner Braut.

Seemannstreue

Nafikare necesse est.
Meine längste Braut war Alwine.
Ihrer blauen Augen Gelatine
Ist schon längst zerlaufen und verwest. –
Alwine sang so schön das Lied:
»Ein Jäger aus Kurpfalz«.

Wie Passatwind stand ihr der Humor.
– Sonntags morgens wurde sie bestattet
In der Heide, wo kein Bäumchen schattet,
Und auch ihre Unschuld einst verlor.

Donnerstags grub ich sie wieder aus.
Da kamen mir schon ihre Ohrlappen
So sonderbar vor.

Freitags grub ich sie dann wieder ein.
Niemand sah das in der stillen Heide. –
Montags wieder aus. Von ihrem Kleide,
Das man ihr ins Grab gegeben hatte,
Schnitt ich einer Handbreit gelber Seide,
Und die trägt mein Bruder als Krawatte. –

Gruslig war's: Bei dunklem oder feuchten
Wetter fing Alwine an zu leuchten.
Trotzdem parallel zu ihr verweilen
Wollt ich ewiglich und immerdar.
Bis sie schließlich an den weichen Teilen
Schon ganz anders und ganz flüssig war.

Aus. Ein. Aus; so grub ich viele Wochen.
Doch es hat zuletzt zu schlecht gerochen.
Und die Nase wurde blauer Saft,
Wodrin lange Fadenwürmer krochen. –
Nichts für ungut: das war ekelhaft. –
Und zuletzt sind mir die schlüpfrigen Knochen
Ausgeglitten und in lauter Stücke zerbrochen.

Und so nahm ich Abschied von die Stücke.
Ging mit einem Schoner nach Iquique,
Ohne jemals wieder ihr Gebein
Auszugraben. Oder anzufassen.

Denn man soll die Toten schlafen lassen.

Ansprache eines Fremden an eine Geschminkte vor dem Wilberforcemonument

Guten Abend, schöne Unbekannte! Es ist nachts halb
zehn.
Würden Sie liebenswürdigerweise mit mir schlafen
gehn?
Wer ich bin? – Sie meinen, wie ich heiße?

Liebes Kind, ich werde Sie belügen,
Denn ich schenke dir drei Pfund.
Denn ich küsse niemals auf den Mund.
Von uns beiden bin ich der Gescheitre.
Doch du darfst mich um drei weitere
Pfund betrügen.

Glaube mir, liebes Kind:
Wenn man einmal in Sansibar
Und in Tirol und im Gefängnis und in Kalkutta war,
Dann merkt man erst, daß man nicht weiß, wie
                                 sonderbar
Die Menschen sind.

Deine Ehre, zum Beispiel, ist nicht dasselbe
Wie bei Peter dem Großen L'honneur. –
Übrigens war ich – (Schenk mir das gelbe
Band!) – in Altona an der Elbe
Schaufensterdekorateur. –

Hast du das Tuten gehört?
Das ist Wilson Line.

Wie? Ich sei angetrunken? O nein, nein! Nein!
Ich bin völlig besoffen und hundsgefährlich
                                 geistesgestört.

Aber sechs Pfund sind immer ein Risiko wert.
Wie du mißtrauisch neben mir gehst!
Wart nur, ich erzähle dir schnurrige Sachen.
Ich weiß: Du wirst lachen.
Ich weiß: Daß sie dich auch traurig machen.
Obwohl du sie gar nicht verstehst.

Und auch ich –
Du wirst mir vertrauen, – später, in Hose und Hemd.
Mädchen wie du haben mir immer vertraut.

Ich bin etwas schief ins Leben gebaut.
Wo mir alles rätselvoll ist und fremd,
Da wohnt meine Mutter. – Quatsch! Ich bitte dich:
Sei recht laut!

Ich bin eine alte Kommode,
Oft mit Tinte oder Rotwein begossen;
Manchmal mit Fußtritten geschlossen.
Der wird kichern, der nach meinem Tode
Mein Geheimfach entdeckt. –
Ach Kind, wenn du ahntest, wie Kunitzburger Eier-
kuchen schmeckt!

Das ist nun kein richtiger Scherz.
Ich bin auch nicht richtig froh.
Ich habe auch kein richtiges Herz.
Ich bin nur ein kleiner, unanständiger Schalk.
Mein richtiges Herz. Das ist anderwärts, irgendwo
Im Muschelkalk.

Das Terrbarium

Das war meine Erfindung:
Vor allen Dingen muß man die Tiere lebendig pressen.
Anfangs kostet es Überwindung,
Aber schließlich wird nichts so heiß gekocht wie
gegessen.

Die Presse muß mindestens sechs Quadratmeter
messen.

Meine Anlage war ein technisches Wunder;
Riesensäle, um die getrockneten Bestien
Übersichtlich hübsch an der Wand zu befestigen.

Denn ein geplättetes Nashorn ist keine Flunder.
Wegen der Dickhäuter und et cetera
Brauchte ich selbstverständlich elektrische Kraft. –
Doch ich speiste mit dem herausfließenden Saft
Sämtliche Waisenkinder von Zentralamerika.
Ganz abgesehen von der Naturwissenschaft.

Manches läßt sich nicht beim erstenmal schaffen.
Oftmals zappelt und zuckt noch der Hals,
Wenn der Unterkörper schon platt ist, so bei den
                                        Giraffen.
Und ich besinne mich eines noch schwereren Falls.

Um meine Sammlung zu komplettieren,
Wollte ich auch einen Menschen so präparieren.
Jene Miß Hamsy, die ich dazu erkor,
War eine ernste, wohlgebaute Mulattin,
Leichthin sommersprossig und Zollwächters Gattin.
Und der setzte ich Arak mit Blumenkohl vor,
Sagte, das sei Barbarossas Lieblingsgericht,
Las ihr zwei Novellen von Freiherrn v. Schlicht.
Bis sie langsam das Bewußtsein verlor.
Als ich sie dann im Dunkeln entkleidet hatte,
Legte ich sie behutsam tastend auf die untere Platte,
Kurbelte an. Doch sie erwachte dabei.
Aber ich suchte sie taktvoll bescheiden zu trösten:
Wieviel schlimmer es wäre, lebendig zu rösten,
Und daß die Presse nicht zu umgehen sei.

Nichts stimmt trauriger als ein menschlicher Todes-
schrei.
Aber was bedeutet solch kurzer Ton
Gegen die furchtbaren Greuel der Vivisektion!
Und wie Miß Hamsy dann an der Wand die vierte
Halle für Säugetiere und Eidechsen zierte,
Hat ihr Anblick jeden Besucher gebannt.
Die Kritiken hörten nicht auf sie zu loben.
Bis sich schließlich die Popolaca erhoben.
Diese Indianer haben das ganze Museum nieder-
gebrannt.
Alles haben mir diese Schweine gestohlen.
Aus Miß Hamsy schnitten sie Mokassinsohlen.
Was ein Barbar ist, hat weder Kultur noch Geschmack.
Aber einen von ihnen erwischte ich später,
Kochte ihn lebend mit Kienharz und Wasserstoff-
Äther.
Und den Kerl verbrauche ich heute als Siegellack.

Abendgebet einer erkälteten Negerin

Ich suche Sternengefunkel.
All mein Karbunkel
Brennt Sonne dunkel.
Sonne drohet mit Stich.

Warum brennt mich die Sonne im Zorn?
Warum brennt sie gerade mich?
Warum nicht Korn?

Ich folge weißen Mannes Spur.
Der Mann war weiß und roch so gut.
Mir ist in meiner Muschelschnur
So negligé zu Mut.

Kam in mein Wigwam
Weit übers Meer,
Seit er zurückschwamm,
Das Wigwam
Blieb leer.

Drüben am Walde
Kängt ein Guruh – –

Warte nur balde
Kängurst auch du.

Die Weihnachtsfeier
des Seemanns Kuttel Daddeldu

Die Springburn hatte festgemacht
Am Petersenkai.
Kuttel Daddeldu jumpte an Land,
Durch den Freihafen und die stille heilige Nacht
Und an dem Zollwächter vorbei.
Er schwenkte einen Bananensack in der Hand.
Damit wollte er dem Zollmann den Schädel spalten.
Wenn er es wagte, ihn anzuhalten.
Da flohen die zwei voreinander mit drohenden Reden.
Aber auf einmal trafen sich wieder beide im König von
                    Schweden.

Daddeldus Braut liebte die Männer vom Meere,
Denn sie stammte aus Bayern.
Und jetzt war sie bei einer Abortfrau in der Lehre,
Und bei ihr wollte Kuttel Daddeldu Weihnachten
                feiern.

Im König von Schweden war Kuttel bekannt als
                Krakehler.
Deswegen begrüßte der Wirt ihn freundlich: »Hallo
                old sailer!«
Daddeldu liebte solch freie, herzhafte Reden,
Deswegen beschenkte er gleich den König von
                Schweden.
Er schenkte ihm Feigen und sechs Stück Kolibri
Und sagte: »Da nimm, du Affe!«
Daddeldu sagte nie »Sie«.
Er hatte auch Wanzen und eine Masse
Chinesischer Tassen für seine Braut mitgebracht.

Aber nun sangen die Gäste »Stille Nacht, Heilige
                Nacht«,
Und da schenkte er jedem Gast eine Tasse
Und behielt für die Braut nur noch drei.
Aber als er sich später mal darauf setzte,
Gingen auch diese versehentlich noch entzwei,
Ohne daß sich Daddeldu selber verletzte.

Und ein Mädchen nannte ihn Trunkenbold
Und schrie: er habe sie an die Beine geneckt.
Aber Daddeldu zahlte alles in englischen Pfund in
                Gold.
Und das Mädchen steckte ihm Christbaumkonfekt

Still in die Taschen und lächelte hold
Und goß noch Genever zu dem Gilka mit Rum in den
                    Sekt.
Daddeldu dacht an die wartende Braut.
Aber es hatte nicht sein gesollt,
Denn nun sangen sie wieder so schön und so laut.
Und Daddeldu hatte die Wanzen noch nicht verzollt,
Deshalb zahlte er alles in englischen Pfund in Gold.

Und das war alles wie Traum.
Plötzlich brannte der Weihnachtsbaum.
Plötzlich brannte das Sofa und die Tapete,
Kam eine Marmorplatte geschwirrt,
Rannte der große Spiegel gegen den kleinen Wirt.
Und die See ging hoch und der Wind wehte.

Daddeldu wankte mit einer blutigen Nase
(Nicht mit seiner eigenen) hinaus auf die Straße.
Und eine höhnische Stimme hinter ihm schrie:
»Sie Daddel Sie!«
Und links und rechts schwirrten die Kolibri.

Die Weihnachtskerzen im Pavillon an der Mattentwiete
                    erloschen.
Die alte Abortfrau begab sich zur Ruh.
Draußen stand Daddeldu
Und suchte für alle Fälle nach einem Groschen.
Da trat aus der Tür seine Braut
Und weinte laut:
Warum er so spät aus Honolulu käme?
Ob er sich gar nicht mehr schäme?

Und klappte die Tür wieder zu.
An der Tür stand: »Für Damen«.

Es dämmerte langsam. Die ersten Kunden kamen,
Und stolperten über den schlafenden Daddeldu.

Kuttel Daddeldu und die Kinder

Wie Daddeldu so durch die Welten schifft,
Geschieht es wohl, daß er hie und da
Eins oder das andre von seinen Kindern trifft,
Die begrüßen dann ihren Europapa:
»Gud morning! – Sdrastwuide! – Bong Jur, Daddeldü!
Bon tscherno! Ok phosphor! Tsching – tschung!
       Bablabü!«
Und Daddeldu dankt erstaunt und gerührt
Und senkt die Hand in die Hosentasche
Und schenkt ihnen, was er so bei sich führt,
– – Whiskyflasche,
Zündhölzer, Opium, türkischen Knaster,
Revolverpatronen und Schweinsbeulenpflaster,
Gibt jedem zwei Dollar und lächelt: »Ei, ei!«
Und nochmals: »Ei, Ei!« – Und verschwindet dabei.

Aber Kindern von deutschen und dänischen Witwen
Pflegt er sich intensiver zu widmen.
Die weiß er dann mit den seltensten Stücken
Aus allen Ländern der Welt zu beglücken.
Elefantenzähne – Kamerun,
Mit Kognak begoss'nes malaiisches Huhn,

Aus Friedrichroda ein Straußenei,
Aus Tibet einen Roman von Karl May,
Einen Eskimoschlips aus Giraffenhaar,
Auch ein Stückchen versteinertes Dromedar.

Und dann spielt der poltrige Daddeldu
Verstecken, Stierkampf und Blindekuh,
Markiert einen leprakranken Schimpansen,
Lehrt seine Kinderchen Bauchtanz tanzen
Und Schiffchen schnitzen und Tabak kauen.
Und manchmal, in Abwesenheit älterer Frauen,
Tätowiert er den strampelnden Kleinchen
Anker und Kreuze auf Ärmchen und Beinchen.

Später packt er sich sechs auf den Schoß
Und läßt sich nicht lange quälen,
Sondern legt los:
Grog saufen und dabei Märchen erzählen;
Von seinem Schiffbruch bei Helgoland,
Wo eine Woge ihn an den Strand
Auf eine Korallenspitze trieb,
Wo er dann händeringend hängenblieb.
Und hatte nichts zu fressen und saufen;
Nicht mal, wenn er gewollt hätte, einen Tropfen
      Trinkwasser, um seine Lippen zu benetzen,
Und kein Geld, keine Uhr zum Versetzen.
Außerdem war da gar nichts zu kaufen;
Denn dort gab's nur Löwen mit Schlangenleiber,
Sonst weder keine Menschen als auch keine Weiber.
Und er hätte gerade so gern einmal wieder
Ein kerniges Hamburger Weibstück besucht.

Und da kniete Kuttel nach Osten zu nieder.
Und als er zum drittenmal rückwärts geflucht,
Da nahte sich plötzlich der Vogel Greif,
Und Daddeldu sagte: »Ei wont ä weif.«
Und der Vogel Greif trug ihn schnell
Bald in dies Bordell, bald in jenes Bordell
Und schenkte ihm Schlackwurst und Schnaps und so
                             weiter. –
So erzählt Kuttel Daddeldu heiter, –
Märchen, die er ganz selber erfunden.
Und säuft. – Es verfließen die Stunden.
Die Kinder weinen. Die Märchen lallen.
Die Mutter ist längst untern Tisch gefallen,
Und Kuttel – bemüht, sie aufzuheben –
Hat sich schon zweimal dabei übergeben.
Und um die Ruhe nicht länger zu stören,
Verläßt er leise Mutter und Göhren.

Denkt aber noch tagelang hinter Sizilien
An die traulichen Stunden in seinen Familien.

Mein Riechtwieich

Gutes Bettchen du!
Ich gehe jetzt in dich. Gute Nacht!
Wünsche angenehme Ruh. –
Und auf einmal ist's wieder früh,
Bin ich wieder aufgewacht,
Habe dich naß gemacht –
Herzeleid – Pupo – Pipü.

Bett, ich falle in dich, du mein Bett.
Ich will nichts mehr wissen.
Sticke mich tot mit Gänsekissen.
Ich pfeife auf Schweinskotelett
Und Schutzmann und Feuer im Haus;
Mir ist alles egal.
Eigentlich müßte ich noch einmal –
Aber ich zwing's heute nicht.
Bitte – lie Bett – puste das Licht –

Altes Bettchen, hallo!!
Wir brechen in dich hinein;
Ja schau nur: Zu zwei'n!
Nun knurre, knarre nicht so.
Heute geht's stürmisch zu.
Anna, komm doch! Ich friere. Huhu!
Möge uns Gott verzeihn.
Aber das wissen nur Anna und ich und du.

Bettchen, wo fährst du denn hin??
Nun gut, fahr immer zu.
Im Kreise und auf die Reise.
Nach Afrika. Wir besuchen ein Gnu.
Gut Nacht, Anna, ich bin –
Müde bin ich Känguruh.

Jene brasilianischen Schmetterlinge

Wie schön ihr angezogen seid!
Simpelfarbig ist unsere Menschenhaut
Und hat noch Hitzpickel am Gesicht.
Aber ich denke das ohne Neid.
Ihr renommiert wahrscheinlich auch nicht
Mit euren sonnenmetallischen Flügeln.
Sie sind euer einziges Kleid.
Ihr braucht es niemals zu bügeln.
Und wenn ich es täte, dann ginge
Es sicher entzwei.
Und euer Leben, ihr Schmetterlinge,
Huscht sowieso wie ein Sternschnupp vorbei.
Drum seid ihr Ochsen, wenn ihr's nicht genießt.
Dauernd saufen, naschen, geschlechtlich paktieren!
Derart keine Zehntelsekunde verlieren!
Bis euch der deutsche Professor aufspießt.

— —

Die europäischen Fernen
Kennenzulernen,
Was euch das Leben nie bot,
Was ihr damals auch nie gewollt noch begriffen hättet,–
Nun wär's euch. – – Zwischen Gläser gebettet
Leuchtet ihr so geduldig tot.
Broschen seid ihr und Fächer.
Ich habe aus euch einen Aschenbecher;
Aber er tut mir so leid.
Ich streue die Asche lieber daneben.
Denn euch brachte das schöne Kleid
Um euer junges, brasilianisches Leben.

Kuttel Daddeldu erzählt seinen Kindern das Märchen von Rotkäppchen

und zeichnet ihnen sogar noch dazu (1923)

[Rotkäppchen No. 9]

Also Kinners, wenn ihr mal fünf Minuten lang das Maul halten könnt, dann will ich euch die Geschichte vom Rotkäppchen erzählen, wenn ich mir das noch zusammenreimen kann. Der alte Kapitän Muckelmann hat mir das vorerzählt, als ich noch so klein und dumm war, wie ihr jetzt seid. Und Kapitän Muckelmann hat nie gelogen.

Also lissen tu mi: Da war mal ein kleines Mädchen. Das wurde Rotkäppchen angetitelt – »genannt« heißt das. Weil es Tag und Nacht eine rote Kappe auf dem Kopfe hatte. Das war ein schönes Mädchen, so rot wie Blut und so weiß wie Schnee und so schwarz wie Ebenholz. Mit so große runde Augen und hinten so ganz dicke Beine und vorn – na kurz eine verflucht schöne Dirn. Und eines Tages schickte die Mutter sie durch den Wald zur Großmutter, die war natürlich krank. Und die Mutter gab Rotkäppchen einen Korb mit drei Flaschen spanischen

Wein und zwei Flaschen schottischen Whisky und einer
Flasche Rostocker Korn und einer Flasche Schweden-
punsch und einer Buttel mit Köm und noch ein paar
Flaschen Bier und Kuchen und solchen Kram mit, damit
sich Großmutter mal erst stärken sollte.

»Rotkäppchen«, sagte die Mutter noch extra, »geh
nicht vom Wege ab, denn im Wald giebt es wilde
Wölfe!« (Das Ganze muß sich bei Nikolajew oder
sonstwo in Sibirien abgespielt haben.) Rotkäppchen
versprach alles und ging los. Und im Walde begegnete
ihr der Wolf. Der fragte: »Rotkäppchen, wo gehst
du denn hin?« Und da erzählte sie ihm alles, was ihr
schon wißt. Und er fragte: »Wo
wohnt   denn   deine   Groß-
mutter?«

Und sie sagte ihm das
ganz genau »Schwie-
gerstraße   dreizehn
zur ebenen Erde.«

Und da zeig-
te   der   Wolf
dem Kinde saf-
tige Himbeeren

und Erdbeeren und lockte sie so vom Wege ab
in den tiefen Wald.

Und während sie fleißig Beeren pflückte, lief
der Wolf mit vollen Segeln nach der Schwiegerstraße
Nummero dreizehn und klopfte zur ebenen Erde bei
der Großmutter an die Tür.

Die Großmutter war ein mißtrauisches, altes Weib
mit vielen Zahnlücken.

Deshalb fragte sie barsch:
»Wer klopft da an mein
Häuschen?«

Und da antwortete der
Wolf draußen mit verstell-
ter Stimme: »Ich bin es,
Dornröschen!«

Und da rief die Alte:
»Herein!«

Und da fegte der
Wolf ins Zimmer hin-
ein. Und da zog sich
die Alte ihre Nachtjacke an und setzte ihre Nachthaube
auf und fraß den Wolf mit Haut und Haar auf.

Unterdessen hatte sich Rotkäppchen im Walde verirrt
und wie so pißdumme Mädel sind, fing sie an, laut zu
heulen.

Und das hörte der Jäger im tiefen Wald und eilte her-
bei. Na – und was geht uns das an, was die beiden dort
im tiefen Walde miteinander vorgehabt haben, denn es
war inzwischen ganz dunkel geworden. Jedenfalls
brachte er sie auf den richtigen Weg. Also lief sie nun in

die Schwiegerstraße. Und da sah sie, daß ihre Großmutter ganz dick aufgedunsen war.

Und Rotkäppchen fragte: »Großmutter, warum hast du denn so große Augen?« Und die Großmutter antwortete: »Damit ich dich besser sehen kann!«

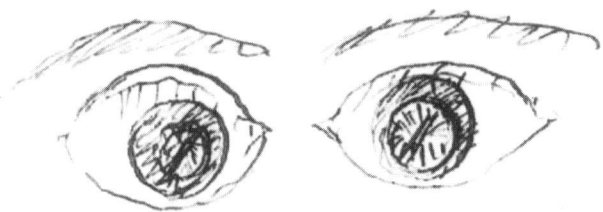

Und da fragte Rotkäppchen weiter: »Großmutter, warum hast du denn so große Ohren?«

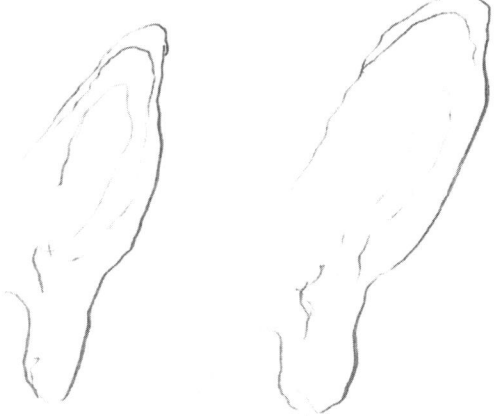

Und die Großmutter antwortete: »Damit ich dich besser hören kann!«

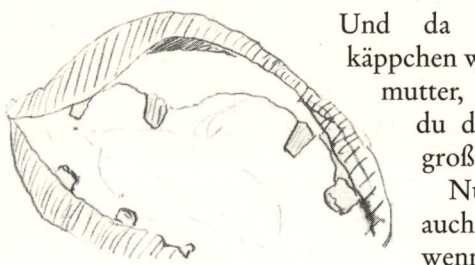

Und da fragte Rot-
käppchen weiter: »Groß-
mutter, warum hast
du denn so einen
großen Mund?«

Nun ist das ja
auch nicht recht,
wenn Kinder so
was zu einer er-
wachsenen Großmutter sagen.

Also da wurde die Alte
fuchsteufelswild und
brachte kein Wort
mehr heraus, son-
dern fraß das arme
Rotkäppchen mit
Haut und Haar auf.
Und dann schnarchte sie
wie ein Walfisch.

Und draußen
ging gerade der
Jäger vorbei. Und
der wunderte sich,
wieso ein Walfisch

wohl in die Schwiegerstraße käme. Und da lud er seine Flinte und zog ein langes Messer aus der Scheide und trat, ohne anzuklopfen, in die Stube.

Und da sah er zu seinem Schrecken statt einen Walfisch die aufgedunsene Großmutter im Bett.

Und – diavolo caracho! – Da schlag einer lang an Deck! – – Es ist kaum zu glauben! – Hat doch das alte, gefräßige Weib auch noch den Jäger aufgefressen. –

Ja, da glotzt ihr Gören und sperrt das Maul auf, als käme da noch was. – Aber schert euch jetzt mal aus dem Wind, sonst mach ich euch Beine. – Mir ist schon so wie so die Kehle ganz trocken von den dummen Geschichten, die doch alle nur erlogen und erstunken sind.

Marsch fort! Laßt euren Vater jetzt eins trinken, ihr überflüssige Fischbrut!

...liner Roma... (1924)

Dem Maler Karl Huegin in Zürich

1.

– erfolgreichen Razzia vier Spielhöllen aus-
zuheben und in der Motzstraße 296 die
Eheleute Krusis zu verhaften, die dort gegen
Eintrittsgeld eine Nacktvorstellung gaben.

Sie waren beide heißen Blutes trunken, auch von einem
ausgesuchten Wein und von ungewöhnlichen Worten
berauscht. Er rief sie Wiga, ohne ihren Nachnamen zu
kennen. Aber spät morgens, als der Schlaf sie doch über-
mannte, betrachtete Gustav lange und nahe die Falten in
Wigas Gesicht und das Tal zwischen ihren Brüsten und
stand behutsam auf, um nackt und glücklich durch das
Zimmer zu wandern. Er liebte den geheimnisvollen
Modergeruch, der aus Gasthofkommoden strömt. Er las
sieben Haarnadeln auf, die sich zwischen die Sofapolster
verkriechen wollten. Und Wiga war wieder erwacht,
denn sie sagte: »Wenn wir jetzt stürben, dann würde
kein Mensch uns hier suchen.« Hierauf stieg auch sie aus
dem Bett, hoch und schlank, und stellte sich hinter
Gustaven und lugte mit ihm zum Fenster hinaus auf den
Kleinstadtmarkt, der für andere Leute unansehnlich,
nun überdies vom Regen verdüstert war. Und eine fast
vergessene Stadt in weiter Ferne hieß Berlin.

2.

In einem Abteil der Ringbahn fand man eine angebohrte Zinnbüchse, die, wie festgestellt wurde, die Überreste des im April eingeäscherten Rennfahrers Zierbold enthielt und vermutlich von einem enttäuschten Dieb – –

»Eintreffe 2 Uhr nachts Lehrter Bahnhof, Henkelchen.« Selbstverständlich holen wir sie ab. Du, Gustav wirst ihre Koffer tragen. Solche Provinzler fallen immer Kerlen in die Hände. »Was für Kerle?« Alberne Frage! Schwindlern! Kerle, die das Gepäck abnehmen und damit verschwinden. Oder die Fremden in ein nahes anständiges Hotel bringen wollen und sie dann per Auto meilenweit in eine Kaschemme verschleppen, wo der Schoffför mit unter einer Decke spielt und ihnen noch

50 Mark abknöpft, ehe sie im Schlafe ausgeraubt und er-
würgt werden. Man liest es doch täglich.

Die Leute an der Haltestelle messen einander mit kalt
kalkulierenden Blicken, wie internationale Ringkämpfer
am Start. Und wartend präparieren sie Tricks, die man
noch soeben durchgehen läßt. Warten vergiftet. Eine
rumpelnde Bahn nach der andern wächst heran,
schrumpft davon, die 46, 107, nochmals die 107, zum
Donnerwetter! dreimal hintereinander die 107. Dann
die richtige. Spitz strömt das Häuflein Nervöser in das
Perrontor, wie Wasser in eine Gosse, siebt sich durch die
Aussteigenden hinein, klemmt sich, preßt. Frau Pur-
mann, von würdelosen Paketen umpuffert, rudert im
dicksten Strudel mit Gesten einer Ertrinkenden, aber
genau betrachtet: offensiv. Sie schimpft: Anfangs wei-
nerlich, weil unbestimmt, allgemein über Empörendes,
Unerhörtes, dann aber superior scharf über eine ungesi-
cherte Hutnadel. Schimpft jedoch nur halblaut, denn
Gustav, hinter ihr, wäre imstande zu kichern. Der
Schaffner flucht rückwärts. Zurückbleibende knurren
oder bellen dem überfüllten Wagen nach. Sozialistisch,
wilhelminisch, anarchistisch. Daß er seiner grauhaarigen
Gönnerin den Arm beim Aussteigen bietet, daß er den
Hauptteil des sehnendehnenden kompromittierenden
Gepäckes schleppt, versteht sich. Aber seine Grimasse
faltet sich zunehmend ärgerlich, gleich einem Wurst-
zipfel. Und er keucht ihr hinterdrein durchs Gedränge,
wie in einer Polonäse um Säulen herum. Schall und
Rauch! Die alles zermalmenwollenden Autos tuten oh-
renbetäubend und verpuffen ranzigen Buttergestank.
Dabei haben die Schofföre rote, rüde, vergnügte Ge-
sichter! – Frivol, unangreifbar, schadenfroh springt der

Straßenschlamm ohne Unterschied alle Beine an. – Daß
um diese Stunde vor der Passage ein Spalier von Zei-
tungsweibern betet: Abendzeitung, Ambdeitun ... Ma-
ria ... benedeit ... Amd ... eit ..., so was entgeht Elfchen.
Sie rennt vorwärts, streckenweise in einer Art hinken-
den Galopps, nicht mehr Dame, kaum noch Mensch;
schneidet eine Diagonale durch die Kurse der Fahrzeuge
und Fußgänger, durch witzige Zänkereien, wunde Me-
lodien, groteske Ansprachen von Händlern und Bett-
lern. Kopfschüttelnd, andauernd wiederholt: »Nur 5
Gramm Kartoffeln und ich wäre glücklich!« – Alle Bett-
ler heucheln. Aber einem davon schenkt Elfchen eine
geborstene Zigarre von Heinz. – Wer nur arbeiten woll-
te, Arbeit ist genug da. Das Wort ist unter friedfertigen
Bürgern aktuell; es beruhigt das Gewissen und legiti-
miert auskömmlich eine politische Tendenz. Nur Nörg-
ler oder Idealisten suchen mehr aus dem Satz herauszu-
sophoristorieren. – Trunkenbolde rempeln an, Matrosen
stechen freche Blicke in fremde Blusenausschnitte. Ge-
meine Bollemädchen beschimpfen sich ordinär vor ei-
nem Aschinger. – O, daß Elfchen einen langen Schwanz
und an dessen Quaste ein drittes Auge hätte, um sich aus
Distanz selber beobachten zu können, wie sie so blind
brutal und häßlich dahinwütet. So kraxelten die Mai-
käfer durch meine Bleisoldaten. – Schauläden rufen an.
Hier Hummer, Langusten, Ananas, Gänsebrüste, Blu-
menkohl, Trauben, indische Vasen mit Ingwer und gro-
ße französische Birnen. So gefällig aneinandergehäuft,
daß sattgespeiste Künstler es dankbar anstaunen, es auf-
suchen wie eine Sezession. – Elfchens böse Blicke ver-
sengen sich an den Wucherpreisen. – Pompöse Blu-
menarrangements locken Ohs und Ahs heraus. Aber sie

sind lange nicht so geschmackvoll wie in Bayern. – Man weiß, wie sparsam Elfchen einkauft. Sie ersteht ein Paar Schnürsenkel für eine Mark und spottbillige Schuhwichse und viele lieblichgelbe Keks für wenig schmutziges Papiergeld. Die Keks für Henkelchen. Man wird gemütlich einig schwatzen, ohne auf Widerspruch zu stoßen. Über Augsburg; wie ganz anders, unvergleichlich besser man in Augsburg lebte. – Vor geschminkten, auffallend behängten Frauenzimmern lacht Elfchen herausfordernd laut.

Gustav trägt einen der unzähligen revolutionären Teufel in sich, der immer heraus will, um im Wahne einer objektiven Gerechtigkeit zu protestieren, manifestieren, opponieren. Jetzt etwa zu rufen: Alle Straßenmädchen sind zunächst nett! Gustav gibt sich Mühe, den Teufel zurückzuhalten. Aber es verstimmt, wenn man unterdrückt, was heraus will. – Zu Hause wird Elfchen

entdecken, daß die Wichse nichts taugt, daß die Schuh-
bänder wie Zwirn reißen. Das anspruchslose, rührende
Henkelchen aber wird die Keks dankbar loben. Und zu
Weihnachten wird Elfchen einem Kutscher Wichse und
Schnürsenkel bescheren. Schenken und Geschenke neh-
men, das ist eine Kunst, die … still, Teufel! – Alles ist
Lug und Trug in Berlin. Zwischen »Hauptgewinn« und
»50 000 Mark« übersieht sich das winzig gedruckte Wort
»im Werte von«. Und die Wagschalen beim Kaufmann
verstecken sich hinter Kisten, und die Wurst macht sich
mit Wasser und der Kaffee macht sich mit Nägeln ge-
wichtig. – Nächsten Sonntag darf Gustav bei Purmanns
Gänsebraten speisen. – Gerade, als er sich verabschieden
will, am Haustor, wo steht »Nur für Herrschaften«,
biegt Herr Binding um die Ecke. Einem Phrasenwechsel
ist nicht mehr auszuweichen. Herr Binding wettert über
eine unkomplizierte Neuigkeit, Gustav gerät wie immer
vor ihm in dürftige Verlegenheit. Herrn Bindings nach-
weisbares Ebenmaß ist mit Purmanns Gold so elegant
gerahmt. Und wo der Schöne schon zu erkannt ist, um
noch durch weisheitsdunkle Schweigsamkeit oder ge-
setzte Haltung zu imponieren, da behauptet er sich
schmeichelnd oder taktlos unverschämt. – Gustavens
Wirtin, Frau Grätke, schimpft vor ihrem Gemüsekeller
unflätig über die Hunde, die einen Rübenkorb zur
Nachrichtenvermittlung benutzen. Die Hökerin geht
nie aus, ist schneckenartig mit dem Hause Nr. 70 ver-
wachsen. Aber durch Fenster, Zeitungen und Laden-
klatsch fluten ihr die Lokal- und Weltereignisse vorüber.
Für Frau Grätke ist Schimpfen etwas wie Schnupftabak.
Andere schimpfen aus andern Gründen; manche, weil
sie die Großstadt nicht vertragen oder nicht begreifen.

3.

Perserteppiche, alte Gebisse, Gold, Brillan-
ten, Pfandscheine, Korken, Armeepistolen
kauft oder tauscht gegen Lebensmittel –
Isidor Rosenmilk, Spittelmarkt.

Das beschämende Trinkgeldwesen ist abgeschafft, dafür
der obligatorische Aufschlag eingeführt. Aber vor Leu-
ten, was sage ich, vor Baronen, wie Kehlbaum schwän-
zeln die Kellner devoter denn je. Denn der pocht eisern
jeden Samstag auf das Trinkgeldgeben wie auf seinen
Stammsessel vis-à-vis dem »Für Damen« und auf Für-
stenberg-Auslese. – Herr Blasewitz (Glatze, bauchglatt-
glänzend) fragt Kehlbaums mitgebrachten Gast jovial:
»Na, Herr Deeters, wie gefällt Ihnen Berlin?« Wenn
man den Kopf wegläßt, sitzt Blasewitz da wie Napoleon
nach der Schlacht bei Leipzig. Der Livländer erwidert
nur mit einem glücklichen Lächeln und einer Geste, et-
wa: ach, klapp den Deckel drauf! Aber Kehlbaum schil-
dert Deeters Debut und die Botschaftersgattin, die der
Balte am ersten Tage im Café kennenlernte und die ihn
in eine elegante und vergnügte Sozietät einführte. Dar-
aus er tausend Jahre später blutig und mit verschwom-
menen Reminiszenzen, aber ohne Brieftasche erwachte.
Kehlbaum nützt die Gelegenheit, von eignen ersten
Eindrücken zu berichten, von dem Denkmal am Schloß,
das aussieht wie ein Bombenattentat, und wo hungrige
Bestien über Bodengerümpel schreiten. Kehlbaum er-
zählt langsam, steif, zwischen schmollenden Lippen
heraus. Wie er neben den adretten Noskitos, Noske-
Soldaten, durch die Siegesallee marschierte, und wie sie
und er so furchtbar erschraken über den gigantischen

hölzernen Nußknacker Hindenburg. Und konnte sich
dann gar nicht trennen von der Säule mit dem goldenen
Engel im Unterrock. In Kehlbaums betriebsamem
Stammlokal, in dieser Räucherkammer, gibt es außer
Deeters keine Zuhörer. Der anständige expressionisti-
sche Maler Knauer verteidigt holprig seine unangegrif-
fene Zukunft im Prinzip. Gustav atmet im Sinne einer
nur halbseitigen politischen Polemik. Blasewitz redet
jovial auf Edith ein, über schwach gesalzenen Kaviar,
französische Küsse und Poularden von Le Lans. Edith
raucht seine Ägypten, aber antwortet nicht, und nie-
mand außer ihm spricht mit ihr. Aber wäre Edith nicht
zugegen, jedermann würde das ansehnliche, treuherzige
und trinkfeste Mädchen vermissen. »Wo steckt heute
Noktavian?« – In der Lüderitzbucht; er knüpft Bezie-
hungen an. – In den Strom Fürstenbergauslese münden
Bäche erklügelter Schnapsmischungen. »Was soll wer-
den, wenn die Quelle Fürstenberg einmal versiegt?«
Vielleicht kommt es mit dem Staatsbankrott. – Jeder-
mann, auch Noktavian, der bei Aufbruch erst eintrifft,
will die Zeche bezahlen; Gustav, weil er weiß, daß letz-
ten Endes doch Kehlbaum oder Blasewitz das erledigen
werden; Deeters, den armen Kunstmaler, hat sein
Stipendium aus Kopenhagen mit dänischem Gelde her-
übergeschickt, und die Valuta machte ihn auf dem
Grenzfaden zum reichen Manne. – Man torkelt weiter,
im Berliner Größenwahn neigen sich verschrobene Stir-
nen, grüßen Hüte, die einmal in München (oder war
es in Paris?) ebenso flüchtig und geheimniseinig zu-
winkten. Man gerät nach Polizeistunde in verbotene
Bars, die nur eingeweihten Gentlemännern sich nach
Geheimsignal auftun, und wo tanzende Nacktissen, sie-

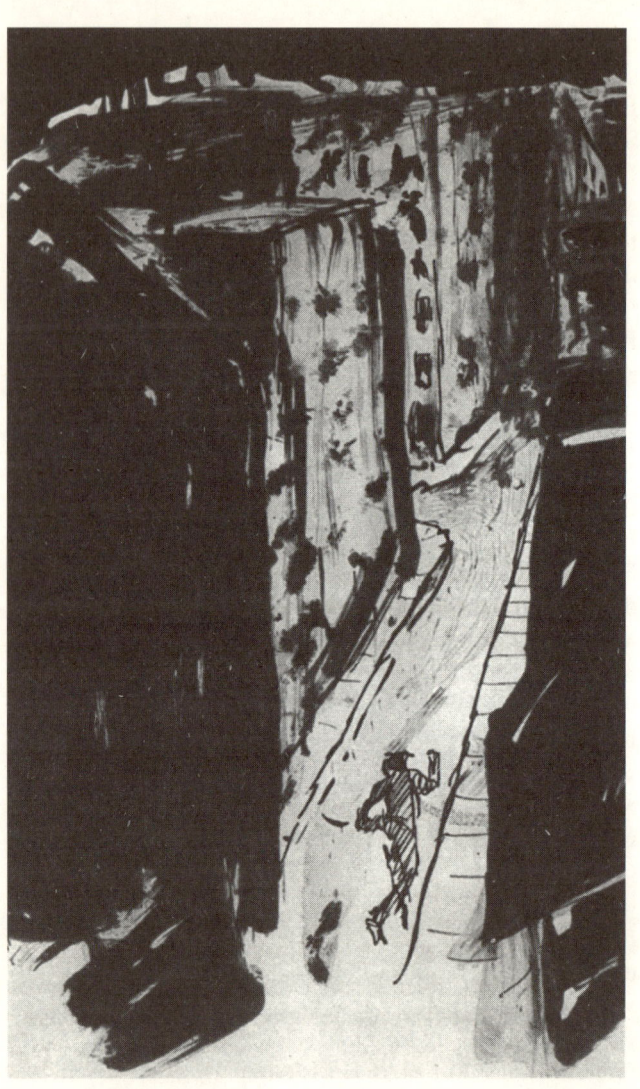

dende Musik einem unvermerkt teuren schlechten Sekt einflößen. Denn das geknechtete Berlin schlemmt und tanzt, wie man in Paris tanzte vor dem Geköpftwerden. Die Bürger schmunzeln sich morgens über Pulte hinweg zu: »Die Mark ist wieder gesunken; wir treiben rapid dem Abgrund zu! Schönes Wetter!« – Wie begeistert weiß Deeters Berlin zu rühmen. Manchmal versagen ihm plötzlich die Worte. Aber dann, viel anschaulicher vollendet er den Satz durch eine gewisse gewinnende Handbewegung, annähernd so, als striche er fein sanft ein Stäubchen vom Tisch. – Fürstenberg-Auslese mündet in ein tosendes Meer. Deeters und Gustav fanden sich, küßten sich, reden sich fortan mit Du an. – Noktavian ist nüchtern zu einer sicherlich vorgenommenen Zeit entwichen. Vermutlich wird er noch mit Lupe, Riesenbrille und Fingerspitze auf der Landkarte nach Spanien reisen oder lesend einen Schiffsjungen nach Britisch-Honduras begleiten – »Knauer, streiten wir nicht! Du baust dein Leben in Überzeugungen, ich das meinige in Zweifeln auf.« – Aber Knauer fällt vom Omnibus. Deeters und Gustav springen ab, vergessen Knauern, fallen umschlungen immer wieder in Schneehaufen und schwärmen, sich wieder aufrichtend, umschlungen weiter von 1001 Nächten der Tauentzienstraße. Der baltische Hüne packt vorübergehende Männer am Arm und fragt seinen neuen Freund: »Gustav Gastein, soll ich den (oder die) für dich verprügeln?« Nein, danke, laß den harmlosen Soldaten, er hat uns doch nichts getan. Aber Deeters schüttelt erst nochmals sein Opfer. »Du?! Wenn Du ein Wort gegen meinen Freund Gastein sagst, dann –« Weit zurück folgt steif, mit langsamen Schritten, nörgelnd, Kehlbaum. Seitdem

ihm zweimal ein silbernes Etui aus der linken Man-
teltasche gestohlen wurde, trägt er in der gleichen Tasche
neben dem dritten Etui eine gespannte Rattenfalle.
Überhaupt ist er etwas mißtrauisch. Er hat aber das an-
dere Mißtrauen, das der freigebigen, zu oft ausgenützten
Menschen, nicht das der berechnenden Geizhälse.

4.

*– kürzlich vermeldete Attentat Unter den
Linden mit bolschewistischen Umtrieben im
Zusammenhang –*

»Ich schenke sie dir!« Hat er in Deeters' Ohr geflüstert,
als er die keck überrumpelte Nuscha vom Nebentisch
heranschleppte. Frech für andere, so wurde ihm schon
mancher Erfolg. – Einfach fragen sie das Mädchen aus.
Tippmamsell in einer Firma für Wohnungseinrichtun-
gen. Der Chef hat sie aus Ostpreußen hergelockt, ihr
den wohlbezahlten Posten verschafft, hat das staunende
Kind zunächst einmal städtisch eingepellt: Eine Mode-
garnitur für zwei Mille. Nun trägt die Eigensinnige zu
dem täglichen bordeauxseidenen Kleide doch hartnäk-
kig ihre alte schmutzwollige – meinetwegen kleidsame –
Dorfmütze. Dr. Mulatti will sie doch später heiraten,
soll sie heiraten. Denn er ist ihren Eltern befreundet,
sendet wöchentlich Berichte nach dem Bauerngut, und
die Antwort ist immer Butter und Speck. – Nuscha ahnt
nicht, wieviel sie einmal von den Eltern mitkriegt, und
die Eltern ahnen wohl nicht, welchen Reichtum ihre
Siebzehnjährige besitzt. – Nuscha, wir sind nur simple
arme Künstler, besonders ich, (Gustav spricht leiser)

mein Freund wird einmal ein berühmter Maler. O, er ist
ein lieber urgoldiger Kerl, (wieder laut) hohe, reichere
Kavaliere werden sich an dich heranpirschen; gib reiflich
acht, ob du nicht manches Gute, auch manches Bessere
bei uns findest. – Nuscha füllt ihre Bureaustellung aus.
Sie verabscheut ihren Chef, den Mulatten. Ihr gefällt
Berlin. – Nach Geschäftsschluß speist sie zwischen Gu-
stav und Deeters Gulasch zu vier Mark. Dort gibt es so-
gar noch weiße friedensmehlerne Schrippen, trotz
Polizeiverbot. – Der Stacheldraht und die Polizeivor-
schriften wuchern derzeit. Aber Gewohnheit schwimmt
wie ein Fischlein zwischen Korallen, und die Exekutive
ist Knetgummi in goldenen Fingern. – Nusch, warum
ließest du damals, ehe ich dir Zeichen gab, den älteren
soliden Herrn abblitzen, der sich zu dir setzte? – Nu-
scha kaut mit schamlosem Appetit. »Weil er mir Geld
anbot!« Bald unterläßt es Gustav, seinen Freund noch
unauffällig herauszustreichen. Sie liebt ihn schon, den
starken, trotzäugigen Balten, der so zart, fast ehrfürch-
tig über Frauen denkt, liebt ihn mit all seinen Unge-
schicklichkeiten und seinem ungekämmten Haar. Viel-
leicht sogar fühlte sie längst heraus, daß er eigentlich in
der Fremde treu verheiratet ist. – Deeters und Gustav
äugeln sich zu: »Welch ein Mädchen! Welch ein seltener
Fang!« – Still, weder langweilig noch gelangweilt,
lauscht sie, wenn die beiden eine Stunde lang mit wenig
Worten oder ohne Worte reden. Über die deutscheste
Stadt: Russisch-Riga. Oder über das schmarotzende
Straßenvolk in dem schmählich weltverhaßten Berlin. –
Sie legen verkrüppelte Beine über das Trottoir, und die
Luft trägt ihre Gesänge wie lampiongeschmückte Ru-
derbarken dahin. Sie fiedeln, leiern oder würgen die

Ziehharmonika; singen schöngeistig oder kläglich oder
idiotisch. Jeder auf seine Art, eingestimmt, die kriegs-
verhärteten Herzen zu schmelzen. Und singen sie von
der Festung Köln am Rhein, dann fallen ihre Ge-
schwister summend mit ein, die Ohr verbrühenden Zei-
tungsschreier, die halbwüchsigen Schokoladeverkäufer,
Seife, Zigaretten, die Streichholzkinder, die weißgluti-
gen, schlangenhaft bannenden Dirnen. Alles, was an der
Ecke und unterm Tunnel herumlauert. – Gustav erfindet
allerhand Blödsinn. Wenn Nuscha lacht, macht sie erst
den Mund ganz weit auf, wie ein Karpfen, dann, zwei
Sekunden lang, überlegt und begreift sie das Spaßige,
und dann folgt ein schmetterndes Silberlachen. – Das
bordeauxfarbene Faltenspiel, die Strümpfe … bitte Nu-
scha, steig mal auf den Stuhl. – Sie gibt Gustaven einen
Stüber: »Nein, du willst nur meine Beine sehen.« War-
um auch nicht. Er weist durchs Fenster. Guck dir einmal
die Straße auf Beine an. So wunderbar zeigt sich die Welt

den Hunden. Nimm es lustig oder geil oder lärmend: Jede Teilbetrachtung überrascht und belehrt. Die Wissenschaft und die Statistik bedienen sich ihrer. Auch die Propaganda. Dann lassen die großen Geschäftshäuser abends ihre Schwärme von Briefen los, die beispielsweise alle nur zu den verstreuten Berliner Rechtsanwälten hinfliegen. So läßt sich eine bunte Wiese nur auf rote Nelken hin betrachten; so magst du auf einer Perlstickerei nur blau bemerken. – Ungefragt wird Nuscha nie aus ihrem eignen Leben berichten. Etwa von ihrem Geschäft, wo doch die Kauflust parallel und verträglich mit der Preissteigerung ins Unermeßliche wächst. Denn die Leute hasten danach, ihr Geld in Möbeln, Brillanten, Autographen oder im Bauch vor Besteuerung und Wegnahme zu schützen. Deeters weiß keine bloßen Höflichkeiten zu sagen. Doch innig beachtet er die Kühle an Nuschas Haut und Wesen und das Erwachen in ihr, Raffinement, Fraueninstinkt, Kampf. – Gustav führt seine Freunde zu einer Entdeckung. Am Zoo ist eine Stelle. Da fährt die dunkelqualmende Stadtbahn über den menschensaugenden Viadukt. Fährt mitten in ein fünfstöckiges Mietshaus hinein, hindurch und an einer düsteren fensterlosen Häuserwand entlang, die riesig und seltsam gegen den Himmel absticht, der eigentlich zwielichtgrau und von sturmflüchtigen Regenwolken bedeckt sein muß. Damit das Bild heiße: »Großstadtelend!« – Unter dem Viadukt geigt jemand auf einer Metallsaite, die sich über Besenstiel und Zigarrenkiste spannt. Es tönt wie Cello. Er spielt und singt: »Das Band zerrissen und du bist frei ...« Kehlbaum soll einmal nach dem Liede geschossen haben. – Deeters und Nuscha Arm in Arm, Gustav umschwatzt sie. Denn das Gefühl für solche warme Dreisamkeit beherrscht ihn wie ein Rausch. Aber minutenlang vergißt er sie doch. Weil ein schmaler weißer Spitzenstreif unter nachtschwarzem Sammet hervorschimmert und wirkt auf Gustavens Blut wie Mondschein auf Ebbe und Flut. – Gustav, Nuscha, Deeters. Es fällt ihnen gar nicht ein, über das Gedränge in der Friedrichstraße zu schelten, oder der trotzigen Schieberbarone zu spotten, und sie umgehen in heiterem Bogen zwei hitzig verhandelnde Juden, die den Weg versperren. Unterschiedliche Eindrücke aus dem von Zufall, Ort und Stunde gefärbten Menschengewoge bleiben an den drei Wanderern hängen. Es scheint, als ob der Siebzehnjährigen nichts entginge, obwohl sie niemals Erstaunen äußert. Später in der Hochbahn spricht Deeters eine Beobachtung aus, ungelenk, mit kargen Worten. Die strengen, düster zurückhaltenden Blicke der Deutschen fielen ihm auf. Er sagt: Es ist doch unbegreiflich schauerlich, daß all die Menschen soviel entbehren müssen, was anderwärts … Hör mal Deeters, wenn du heute abend mit Nuscha zu den Boxern gehst, dann bleibe ich lieber zu Hause. Ich muß Briefe beantworten, eine Frau von Sidow bietet mir eine Aupairstellung auf dem Lande an. Ich müßte im Garten mit zugreifen und … Deeters winkt heftig ab. Du kommst auf jeden Fall mit uns.

5.

*Cabaret »Rosiger Kürbis«, Fasanenstraße,
Treffpunkt der eleganten Lebewelt, Au-
stern, Sekt, erstklassige Weine, tadellose Be-
dienung, diskrete Musik, hochkünstlerische
Darbietungen: Bia Tartuffe (Gazetänze),
Fedora Sill (Lieder einer Verseuchten),
Bläschens Revoluzzerhüpfl (urkomisch).*

Selbst überfleißige Vorgesetzte dürfen von Unterge-
benen keinen Überfleiß verlangen. Und mürrisches
Wesen läßt sich durch Arbeitsüberfülle erklären, aber
nicht entschuldigen. Doch wie sollten Leute das einse-
hen, die nach der alltäglichen Arbeit ohne Buch und oh-
ne ungelöste Frage schlafen gehen. Leute, die keine her-
be Freundschaft ertragen, also nur mit Lohndienern ver-
kehren. – Der Frau Purmann laufen alle Dienstmädchen
davon. Unzuverlässiges, anspruchsvolles, undankbares
Pack. So hält Elfchen die große Wohnung und den kom-
fortablen Haushalt eigenhändig in mustergültiger Ord-
nung, hantiert geschickt, nervös und emsig von früh bis
spät herum. – Heinz Purmann, Immobilien und Hypo-
theken. Hochkonjunktur. Häuser werden jetzt unbese-
hen telephonisch gekauft und der Chef: »mein armer
Mann arbeitet sich zuschanden. Er ist so gut. Und er
gönnt sich nicht …« Nein, er gönnt sich nie die Zeit, um
auch nur einmal nachzuprüfen: Was tust du? Wie?
Wozu? Was tun andere? Ist der Vorteil des einen etwa
der Nachteil des andern? Ließe sich das innere Gewissen
vielleicht nach dem äußeren Erfolg bemessen? – Es stün-
de einem abhängigen Dichterling übel an, seine um
30 Jahre älteren Mäzene belehren oder tadeln zu wollen.

– Als Elfchen Gustaven öffnet, prüft sie gleich seinen Anzug, bürstet seinen Rücken ab. Denn außer Henkelchen ist noch ein altes Frauchen zu Besuch erschienen. Gustav streicht sich vorm Spiegel die Haare glatt, was einem Versprechen gleicht, sich recht unkünstlerisch, recht solid und bescheiden zu geben. Welche Zeit! Dieses Berlin! Wo sind die alten Handwerker hin, die treuen Briefträger, die freundlichen Schaffner! Täglich Einbrüche, Mord und Totschlag! Keinem Herrn fällt es mehr ein, seinen Platz einer Dame zu überlassen. Und ein Gesindel treibt sich umher! Am schamlosesten treiben es die Weiber! Aber gar erst damals, als die Menschen gegen Menschen rasten und soviel Unschuldige getötet wurden, Elfchen hat während der ganzen grauenhaften Kämpfe stundenlang ganz verlassen allein in der großen einsamen unbewachten Wohnung gesessen und bei jedem Schuß gezittert und stundenlang geweint. Sie weint jetzt in Erinnerung dessen wieder. – Ach, Heinz ließ sich ja nicht vom Geschäft zurückhalten. Er hat kein Verständnis. Kann so lieblos sein, kümmert sich tagelang nicht um sie. Fragt nie: Hast du Kopfweh, Halsschmerzen, Leibschmerzen, Migräne, Fußleiden, Gelenkentzündung, Sehnenerweiterung, Gerstenkörner? – Und nun tröpfelt der Honig ... Kunsthonig ... hernieder, der Elfchens armseliges bitteres Leben versüßt, für den sie lebt. »Ach, liebstes Elfchen, das halten Ihre Nerven nicht aus. Sie müssen ein paar Wochen nach Tirol.« – – Ich kann ja nicht. Wer soll denn für Heinz sorgen? Er ist ja wie ein Kind und rackert sich ab wie ein Lastpferd. Und ist so dankbar. Freilich sehr verwöhnt ... – »Nein, wie Sie es nur möglich machen, Frau Elfchen!« »An alles denken Sie, trotz der Hüftschmerzen. Und

immer rührend besorgt, andere zu erfreuen. Da mag Ihr
Pflegebefohlener, Herr Gastein, sich wohl verwöhnen
lassen!« – Herr Gastein erwacht bestätigend. Er hatte
darüber nachgesonnen, ob sechs Liter dünnen Kaffees in
drei Weiberbäuchen, beim Gehen ein plätscherndes Ge-
räusch erzeugen. – Die Danaergeschenke für die schei-
denden Gäste stehen bereit. Selbstgebackenes und ein
paar Kragen, die dem Heinz zu eng sind, aber für den
Bräutigam von der Schwester von Henkelchens Obst-
händlerin immerhin ... Elfchen holt vielgereiste Pack-
papiere hervor und zieht eine Schublade auf, darin
tausend oftbewährte Schnürchen und Bindfäden unheil-
bare Darmverschlingung spielen. – Spät kehrt im Pelz-
mantel Herr Purmann stattlich heim, grüßt Gustaven
königlich herzlich, läßt sich müde von Elfchen ein Bad
herrichten und zwei Mitesser aus der Nase drücken, ißt
wortkarg von der auserlesenen Abendmahlzeit und
nickt wenig überzeugt, als Gustav anfängt zu berichten,
was er für neue Schritte unternommen habe. Um endlich
einmal eine feste Anstellung, irgendeine anständige, ge-
regelte Tätigkeit zu erlangen, denn das Dichten mag ja
nebenbei recht ... Elfchen legt ein großes Wort für
Gustaven ein. Herr Purmann entnimmt seiner blühen-
den Brieftasche eine königliche Kleinigkeit und ist so
taktvoll, sein Gute Nacht möglichst heiter zu wünschen.
Denn innerlich sinkt seine Achtung, sowie sein Mitleid
aufsteigt. – Während er badet, traktiert Elfchen Gusta-
ven mit Süßwein und Schokolade und kaut. Und schon
lockert sich in Gustaven viel angesammelter verhärteter
Groll. Und weil Gütiges Gustaven geschwätzig macht,
fängt er an, kindlichen Unsinn zu reden, auf den sie la-
chend eingeht. Das ist ihm die aufrichtigste Manier, sich

mit ihr zu unterhalten. – Wie aus Treibhausluft tritt er
ins Freie – es übermannt ihn wieder tieftraurig, daß er
diesen nächststehenden Menschen gegenüber seine rein-
sten Gedanken in graue Lügen kleiden muß. – Wie son-
derbar: Die waren einmal jung. Wenn Frau Purmann
ahnte, wie ihr heute der Kosename Elfchen steht.

6.

*Zu dem Artikel »Menschenfleisch in Zie-
genleberwurst« erfahren wir von zuständi-
ger Seite – – –*

»War es schön, Deeters? Habt Ihr das Hotel gefun-
den?« – »Ach wunderschön! Sehr schön! obwohl es zu
nichts gekommen ist. Das brauchts ja auch gar nicht.
Wahrhaftig ein eigenartiges Weib! Dann ist sie plötzlich
ganz Kind. Und ich weiß nicht: vielleicht bin ich ihr nur
ein Spielzeug.« – Pünktlich hinter einer Riesenbrille na-
hen sich Noktavian und Nuscha. Sie kehren von einer
Weltreise zurück. Noktavian berichtet. Erst waren wir
in Babylonien, Ägypten, Griechenland. Dann wandel-
ten wir unter Palmen. Dann betätschelten wir das spie-
gelglatte nasse Zwergnilpferd. Dann schlichen wir ehr-
fürchtig auf den Zehen durch einen Lesesaal der
Wissenschaft. Stärkten uns in China an Teegebäck.
Guckten durch Bullaugen zum Nordpol herum den
Pinguinen zu. Und nun ... – »Ja nun seid ihr am Strande
des Potsdamer Platzes« – Genießen teure Schnäpse, das
heißt: Noktavian darf seiner Zahnschmerzen wegen nur
ein Stück Torte genießen. – Das Meer vor ihnen flutet
und tutet, rattert und knattert. – Autoreifen, Bahn-
puffer, Pferdenasen und Deichseln greifen ineinander
wie Zahnräder. Eine uralte Dame bittet einen Schutz-
mann, sie nach dem andern Ufer zu geleiten. – Weißt du,
Noktavian, diese Polizisten, das sind die Lotsen des
Potsdamer Platzes. – Gustav weiß, daß seine maritimen
Vergleiche dem Freunde Vergnügen bereiten. – »Ja,
Gustav, du wirst doch ewig der alte Hochseematrose

bleiben. So mag ich dich leiden. Und schau, Nuscha, die-
se alte Dame war eine von den Mumien, die wir vorhin
nicht betasten durften. Gewiß hat irgend jemand sie ge-
kitzelt; da wachte sie auf und entsprang.« – Nuscha öff-
net den Mund ganz weit, karpfenartig, sinnt zwei
Sekunden lang und dann gellt ein silberhelles Lachen. –
Wir reisen weiter. In diesem Erdteil wird ewig ein uner-
forschtes Inneres bleiben. Noktavian proponiert ein
Programm. Gustav unterbricht ihn: Nuscha, willst du
dich einmal im Durchschnitt als Fleisch, Sehnen und
Knochen betrachten? Oder irgendwo nebenan Frau
Hempel singen hören? Man kann in Berlin auch im
Sommer Schlittschuh laufen, und es gibt ein Lokal, wo
ein Hummer 1000 Mark kostet. Und es gibt Leute, die
dort hingehen, bloß um anzuschauen, wie Parvenus sol-
che Hummer essen. Oder willst du auf einem Rum-
melplatz als Weihnachtsengel mit zehn dankbaren
Kindern schwindlig durch die Lüfte quietschen? Oder
reizt es dich, die Wand anzustaunen, hinter der unser
Präsident schläft? Deeters stammelt: »Lassen wir uns
doch vom Zufall treiben! – Erst mal irgendwo ein or-
dentliches Mittagsbrot essen ...« – Ja, ordentlich essen,
und wollen uns einmal vorsätzlich und bewußt ein we-
nig betrügen lassen. Noktavian verabschiedet sich; er hat
noch mancherlei vor. – Was hat er denn noch Ge-
heimnisvolles vor? – Vielleicht noch eine Reise nach
Transnubien. Vielleicht will er dort Beziehungen an-
knüpfen. Er begeht nie eine Torheit. Er tut und sagt nur,
was er zuvor exakt erwogen und gerichtet hat. Daß er
sich von solcher Lebensweise Gewinn verspricht, das
könnte das einzige Naive an ihm sein. Aber niemand
versteht entzückender als er zu erzählen und Erzäh-

lungen zu lauschen. Alle neuen Frauen verlieben sich für
einige Zeit in ihn. – Die Untergrundbahn reißt den
Dreibund mit sich fort. Dächer unter ihnen, Keller über
ihnen. Stelle dir vor, wie bei einer Entgleisung Hirn ver-
spritzt. – Auf einem Umsteigeperron sehen sie sich das
Miterlebte von außen an. Wie die eckige Gliederschlan-
ge herangleitet, stoppt, steht, Türen aufschlägt und
wimmelnde Vielheit entlädt. So rieseln Korinthen aus
gespaltenem Faß. – Gefällt uns das Meer, gefällt uns die
Woge. Des wird man nicht müde: In die Massen zu stau-
nen. Hätte es Nuscha vordem nicht verstanden, dort,
derzeit mochte sie es lernen. Und nicht die tausend
Menschen mit Auswüchsen und Einwüchsen füllen Ber-
lin, sondern die Millionen, die durch alle Siebe fallen. –
Sie wundert sich nicht, das rätselhafte Bauernkind. Sie
nimmt auf, paßt sich unheimlich rasch an. Einmal stieg
auch in Gustaven ein Mißtrauen auf. Sie wußte, was ei-
ne Nutte bedeutet. Wovon nahm sie diesen üblen Fach-
ausdruck der Dirnen? – Stadt ist Fels. Würmer nagten
Löcher und Gänge hinein. Aber an aufgerissenen Bau-
stellen, an den Wunden der Stadt und in den Oasen der
Straße, den Raseninseln, wo Wallwurz und Löwenzahn
wuchern, dort offenbart es sich, daß unter dem Stein
noch Erde, feuchte Erde dünstet. Kalt und starr blickt
die Stadt einem vorbei. Aber liegt ein blutiger Leichnam
quer über die Schienen oder bei eines Schaffners Witz
über einen Lehrjungen, der mit einem roten Farbtopf
hinpurzelt ... gelegentlich spürt man, daß unterm
Asphalt das Herz der Großstadt schlägt. Leute, wie
Heinz und Elfchen, zart besaitete, würden allerdings
weitergehen: Ein Leichnam? Komm weiter! Ich kann so
was nicht ansehen. – Sie schwimmen in der hilflosen

Weite neuer Straßen, lassen sich von winkligen Fels-
spalten verschlingen, schauen über Geländer in Tiefen,
steigen Stufen, schreiten unter Brücken durch, um
Pfeiler und Streben herum. Die Wonne erfaßt sie, mit
der Kinder im Wirrwarr eines Baugerüstes klettern.
Jetzt Nuscha, werden wir uns noch wie Bücherwürmer
durch ein für Kinder illustriertes Reallexikon winden,
durchs Warenhaus. Du wirst noch alles haben wollen.
Wir sind darüber hinweg. Abends wählen wir zwischen
dem Theater in der Königgrätzer Straße und einem Ki-
nofilm »Zur Dirne um ein Diadem«. – Nuscha kaut auf
offener Straße Äpfel und schweigt. »Recht so, Nuscha:
die alten Purmanns leben satt und bequem und haben,
sieht man vom Gähnen ab, ihr Leben lang nie philoso-
phiert.«

7.

*– – Mordkommission stellte Raubmord fest
und beschlagnahmte einen Regenschirm und
einen Handkoffer, der modernstes Einbre-
cherwerkzeug enthielt. Eine Belohnung von
10 000 Mark ist – –*

Frau Grätke hat eben sein Bett geglättet, das genau ein
Viertel des Zimmers einnimmt, da bricht Besuch herein.
Gussi Feridell, Rostock, Warnemünde, einst tägliche,
jetzt auswärtige Freundin, eine Kunstgewerblerin, die
nicht mehr leidet, seit ihre drolligen Kaffeewärmer rei-
ßenden Absatz finden. Sie stellt ihre Berliner Freundin
vor, ein Fräulein Anna von Camphusen. Auf der Durch-
reise begriffen, wird Gussi fünf Tage bei Camphusens
wohnen. – Wollen gnädiges Fräulein bitte dort auf den

weichen Stuhl ... Der weiche Stuhl ist Herrn Gasteins
Salon. Gussi erhält den hölzernen, dreiachtelbeinigen,
und Gustav selbst will auf dem Bibliotheks- und
Speisesaal, nämlich einer großen Palminkiste Platz neh-
men. Aber es gelingt nicht. Erst müssen die Damen noch
für eine Minute das Zimmer verlassen, damit er den
Tisch umdrehen kann. – Feridell spricht noch wie die
Luftbläschen in dem Aquarium am Zoo. Wie es ihm gin-
ge? ... Gut? ... Na, na! ... Ob er fleißig schaffe ... Sie hat
mit Anna Einkäufe besorgt ... Berlin ist gar nicht wie-
derzuerkennen ... Um 12 Uhr wird Mutter Camphusen
beide mit eigener Equipage abholen. Auch Gustav soll
mitfahren. Er ist zu Tisch zu Fabrikbesitzers geladen. –
Ob er noch immer keine Frau gefunden habe. – Er
scherzt verlegen. Das schmutzige Handtuch und zwei

Aktstudien von Pfenninger lasten auf seinem Gemüt.
Und nun bedenkt er noch die selbstgewaschenen Hals-
binden am Bindfaden hinter dem Ofen. – Warum sie so
braun wären? – Ja, er hat Malheur gehabt. Er hat sie zu-
sammen mit Taschentüchern und braunen Strümpfen in
Sodalauge gekocht. – Merkwürdig, Fräulein von Camp-
husen lacht kaum. Auch nicht über seine Winterfliege,
Musca Kehlbaumi, nach einem Freunde benannt, der sie
dressieren will. Aber einen hochmütigen oder prüden
Eindruck macht Anna eigentlich nicht. Sie scheint mehr
verdutzt … Vielleicht weltfremd. – Ob das Licht den
ganzen Tag über brenne? (Sollte ihr das elektrische Licht
imponieren?) – Ja, den ganzen Tag. Es gibt viele Woh-
nungen in Berlin, die jahraus, jahrein niemals Tageslicht,
geschweige denn Sonne haben. Und wenn ihre Be-
wohner sich Sonntags mit einem Buch in den Tiergarten
setzen, dann haben sie Rivieragefühle. – Er läßt sie aus
dem Parterrefenster in den Hof blicken, den er so lieb
hat, obwohl es eigentlich nur ein steinerner, verrußter
Kamin ist. Aber aus dem Nachbarhofe ragen zwei
Kastanienäste herüber, der eine über Fensterhöhe; der
spielt, wenn ein Lüftchen weht, mit tausend grünen
Fingern auf unsichtbaren Klavieren. Den unteren Ast
schützt eine Planke vorm Wind. Seine gespreizten, ge-
schichteten Blätter nehmen sich aus wie ein Teppich-
muster, das in die dritte Dimension spukt. Manchmal
nachmittags stellen sich fremde, große Frauen in den
Hof und singen ganz laut, ohne sich zu genieren, das
Lied: »Das Band zerrissen und du bist frei«, dann wirft
man Geldstücke in Papier gewickelt in den Hof hinun-
ter. – All das scheint Fräulein von Camphusen gar nicht
zu rühren. – In Gustavens Flucht von einem Zimmer

verirrt man sich nicht. – Frau Purmann hat einen großen Öldruck hineingestiftet, die bekannte Reiterstatue, deren Namen man stets vergißt. Midships im Zimmer steht der Kleiderschrank. Öffnet man dessen Tür, so werden aus Gustavens einem Zimmer zwei Zimmer. – Hohe gediegene Stiefel trägt Anna von Camphusen, sie schmiegen sich glatt und sauber um die runden Beine. – Was für Beine! So gediegene Beine! Aber sie könnte jetzt doch einmal ein gutes Wort finden. Plötzlich träumt er von einem gebatikten Lampenbehang, der an die aufregende bunte Bühne auf einem Bilde von Weißgerber erinnert. – Gussi fragt treulich: »Weißt du noch, wie wir morgens auf der Anlegebrücke frühstückten?« – Genau weiß ich's. Wir legten die Butterbrotpapiere auf die Mole nieder, neugierig, was der Wind mit ihnen anstellen würde. Manche trotzten. Andere überschlugen sich zweimal und schliefen dann ein. Wieder andere glitten schwankend, stockend vorwärts, wie eine landende Krähe oder wie ein windentführter Regenschirm. Und jenes eine, das nach langer Bedenkzeit auf einmal unaufhaltsam davonrutschte und einem weißbehosten Popo glich, und darauf nun das kleine, zerknautschte Papier eifersüchtig hinterdrein kullerte ... was haben wir gelacht? Daß die wichtigen Zollbeamten über uns und wir wieder über die Zollbeamten lachen mußten. – Auf Frau Grätke und die Nachbarn wird die Equipage aber ihre Wirkung nicht verfehlen. Für Gustaven ist es dieserzeit keine stolze Wonne, durch Volk zu fahren. Er späht auch nicht etwa nach Bekannten aus, die ihn zufällig bemerken und dann weiterberichten möchten. Außerdem weiß der städtische verkünstelte Geschmack Ledergeruch und Kommisstiefel überhaupt nicht richtig zu würdigen. –

Auch Frau von Camphusen hat bei aller Liebens-
würdigkeit jene sonderbare Zurückhaltung an sich. Die
Villa ist im Vorort gelegen, hat Einfahrt, Vestibül und
Etagen mit vielen Spezialräumen. Aber die Bilder an den
hohen Wänden weichen den Blicken aus. Der auserlese-
ne Wein macht Gustaven redefroh, bis er gewahrt, daß
Gussi und Anna seine wachsende Freimütigkeit besorgt
verfolgen. – Einmal, als der sympathische alte Herr Gu-
staven zutrinkt, »es freue ihn stets, wenn ein Vater-
landsverteidiger sich in seinem Hause wohlfühlt …«,
geht ein warmer Hauch durch den Speisesaal. Aber
Gustav hat Schnupfen und vergaß sein Schnupftuch.
Und ins Gästebuch, das man ihm vorlegte, schrieb er
endlich: »Das Leben …« (»ist« wäre schon bedenklich
viel behauptet). – Nun fragen sie ihn, was das heißen
soll. Camphusens tun recht daran, so geradeaus zu leben
und zu fragen. – In seiner Bude, die ihm untertan und
vertraut ist, legt Gustav den steifen Kragen ab und ver-
gräbt sich behaglich geborgen in sein Bett. Wenn er hu-
stet, brummt ein Geist in der Matratze mit. – Der Was-
serhahn überm Waschtisch hält nicht dicht. Der Gummi
taugt nichts. Deutschland ist ja heruntergekommen.
Nun tropft es die ganze Nacht hindurch tropf … tropf
… als ob jemand im Hofe Teppiche klopfe. Oder, wenn
man noch fester andreht, als ob draußen jemand vorbei-
ginge, der zum Bahnhof will. Und schließt man mit äu-
ßerster Kraft, dann wird es ein Schutzmann, der auf und
ab geht. – Alle äußeren Sorgen zerfielen mit eins, wenn
sie seine Frau würde; in Ruhe könnte er schreiben und
Gutes tun und sie glücklich machen. – Wieder fällt ihm
der Lampenschirm ein und eine kluge, nebenbei (sehr,
sehr nebenbei) auch wohlhabende Frau, die alles ver-

steht, der man alles sagen kann. – Am Freitag wird
Gustav die Anna und die Gussi spazieren führen. Wird
es auch mit ihr so werden, wie es mit den andern war?
Daß sie in einer weichen Stunde dann seufzt: »Könnte
ich dir doch etwas sein!« Und dann vollzieht sich all-
mählich kältend, stetig, das Durchschauen. Sie hat nie ei-
nen eigenen Gedanken, nie eine Überraschung. Oder ist
sie nur Weib. Oder unordentlich. – Das Durchschauen
möglichst hinauszuschieben, darauf käme es vielleicht
an. Jenes reizvolle Fremdsein genießen wie wunderstar-
re, kalte Sternennacht.

8.

> *– – zusammengebundene Leichen, die ge-*
> *stern aus der Spree gelandet wurden, die*
> *Zwergin Kosanko aus der Skalitzerstraße*
> *210 und der wegen Sittlichkeitsverbrechen*
> *mehrfach vorbestrafte Rechnungsrat B. re-*
> *kognosziert.*

Mein Privatehrenbürger von Berlin,
deine Billigung, der ich sicher war, bringt mich wieder in
Form. Denn Purmanns hatten mich im Mörser ihrer
Geringschätzung mit dem Vorwurf der Unbeständigkeit
total zermürbt. Dabei ahnte Elfchen nicht, daß ich außer
den Fett- und Sahnetöpfen sogar noch eine reiche Bau-
erswitwe ausgeschlagen hatte, die Gutspächterin. Was
brauchen unsere Frauen von unserer Kunst zu verste-
hen, Deeters? – Ich ließ mich von der blanken Bäuerin in
die Schweineställe einführen, wo es zur Fütterung klingt
wie tausendfältig Rülpsen nach Kakao. In Kuhduft und

Sonne schmolz das Nikotin, wurden die Nerven sanft, und ich lachte in der Hängematte über die kinoartigen Bewegungen der Hühner. Eine Sau schlief im Hof. Die Fliegen hatten ihr blutige Wunden hinter die Ohren eingefressen. Ein kühnes Küken sprang auf die Sau und pickte die Fliegen weg; ich habe gezählt: In einer Minute 72 Fliegen, also in der Stunde 4320, also im Jahre?! – Nachts, denn dort stieg man durchs Fenster aus und ein, besuchten wir das Birr-Grab in der Heide. Denn dort gibt es Mondenschein und Rehe und Sturm. – Wir sind auch Boot gefahren. Und dabei habe ich das einzige tiefere Erlebnis gehabt. Nicht mit der Bäuerin. Die war albern, unecht. Aber Gänse beknabberten ein Paket, das auf dem Flüßchen trieb. Als ich die nasse Hülle neugierig aufzupfte, enthielt sie Druckbogen einer Kolportageschrift, immer wieder nur die Seiten 22 bis 29, und zwischen den mittelsten, ganz trocken gebliebenen, hing ein abgerissenes Stück vom Titelblatt, darauf noch zu lesen war: liner Roma. – Da habe ich nachgesonnen, wie das Paket in das Flüßchen geriet, und das schien mir nun ein Geheimnis. Ein Geheimnis auf dem Lande, wo man sonst alles übersieht und um jedermanns Treiben weiß. Und was bedeutet liner Roma? Da fehlt was vorn und was hinten. Ich hab' mir's ergänzt »Berliner Romane«. Berliner Romane haben meist keinen ordentlichen Anfang und kein rechtes Ende. (Übrigens die Nuscha war auch mir nie wieder begegnet. Sehr schön so. Eine Erinnerung wie Jasmingeruch.) – Wohl war zwei Stunden von Sidows ab ein Städtchen zu erreichen, grünlich getüncht und mit verborgenen Turmspitzen. Auf dem Kirchhof im Efeu liegen Steintafeln wie gestaute Eisschollen, und umgitterte Gräber wie Schiffe. Darüber

schatten fruchtbare Birnenbäume, gedüngt von Toten
der achtziger Jahre. Ich aber sehnte mich nach einem
Zeitungskiosk, der die neuesten Beine von Tanzsternen
zeigt und die semmelheiße Nachricht bringt, daß in
Tokio vier Kasernen brennen. – Frau von Sidow haßt die
Großstadt, die sei hart und schartig wie Austernbank,
Gehäuse an Gehäuse. Erzählt Frau von Sidow von den
Streiks oder den Straßenkämpfen im Zeitungsviertel,
dann sollen ich und die Hausdame mit den Köpfen
nicken, wie Omnibusschimmel. Da hab' ich gesagt, es
sei gar nicht so schlimm gewesen, immer nur zwei
Tote. Und die Löcher in den Mauern habe man andern
Tags wieder zugegipst. – Das hat aber meine adlige
Brot-, Bett- und Ofenherrin arg verstimmt. – Andermal,
weil sie mich in den Wald bestellte, fragte sie: »Nicht

wahr, Sie lieben doch auch die Natur?« Da hab' ich
gesagt: »Nein.« – Danach lernte ich nicken. Nur noch
einmal, mit einer scheuen Saatkrähe, habe ich über das
aufgestocherte Berlin gesprochen; von den schreien-
den Rednern erzählt, über 100 Milliarden von Hüten,
und von den Matrosen auf Panzerautos, die die Häuser
erbeben machten. Vom sektsaufenden Pöbelmund, den
öffentlichen Diebesbörsen. Das ganze große Erheben.
Das behält seine Farben in meinem Gedächtnis. – Ich
half im Garten graben, und wenn die impulsive, despo-
tische, freundliche Jüdin auf dem Piano oder Tennis
oder mit fremden Sprachen und mit all und jeder Kunst
und Wissenschaft spielte, wurde ich zugezogen. Was
fehlte zu ihren Millionen? zu ihren guten Büchern
und Bildern? zu ihren traumschwarzen und pelzwei-
chen Augen? – Sie wußte ganz tiefverschwommen zu
philosophieren. Aber ich saß dabei wie ein Klotz, sehn-
te mich nach Leuten, die ihren Geist verstecken. Nach
einmal Betrunkensein im Panoptikum und nach täglich
neuen verblüffenden Plakaten, statt des albernen Moh-
ren mit Malzextrakt. Zwar hatte mir Frau von S. aus
freien Stücken 50 Mark Taschengeld zugesagt. Aber
das Schweinefliegenzählen ermüdet. Und wer mag auf
die Dauer immer zum Fenster hinausspringen. Und laß
Birr begraben sein. Und so fing ich an, mir eine manier-
liche, entblüffende Kündigungsrede einzustudieren.
So im Sinne Noktavians ... »Wie der Matrose sich im-
mer wieder hinaus aufs tobende Meer sehnt ... wie es
der Deutsche, der einmal in Afrika gelebt hat, nimmer
lange in der Heimat aushält ... wie die Zigeuner ...« –
Aber dann, eines Tages, diese Rede völlig beiseiteschie-
bend, bin ich ganz plump mit den Worten herausge-

stolpert: »Entschuldigen Sie, morgen reise ich ab.« –
Und nun umgaukeln mich wieder die Möglichkeiten
Berlins. Nur du fehlst.

9.

Welche edeldenkende, energische robuste
Dame verhilft jungem kriegsverarmten
Manne zu einem Paletot? Heirat nicht aus-
geschlossen. A. 16 Exped. d. Bl.

»Aber Herr Gastein, es fängt an zu regnen.« – Doch er
zeigt ihnen Gestalten, hübsche und häßliche und die un-
sicheren und speziell die komischen. Die Felsblöcke mit
summenden Grotten sind ihr bekannt aus Vaters Fabrik.
Auch die Schreibstuben, darinnen es hagelt wie Ma-
schinengewehrfeuer bei den Liliputs. – Da! Dort! Dieser
Eckstein! Jene technische Straßenwarze! Oder hier die
Mauernische! Daran schlendert man so vorbei, aber
nachts haben diese Dinge vielleicht Bedeutung, spukhaf-
te oder grausige Bedeutung. Nachts kichert, rauscht und
knistert es allenthalben. Und im Spuk werden dann zur
Bühne alle die verwunschenen Winkel, wo tags die
Hunde hinpink... – »Herr Gastein, es regnet!« Um so
besser. Das schwemmt wieder Billiarden von Groß-
stadtbazillen in die Schleusen. – Wer sitzt dort unter der
Litfaßsäule? Für wen halten Sie den? Den Mann? Nun,
das ist ein armer Stiefelputzer! – Ganz bestimmt nicht,
aber vielleicht ein reicher Stiefelputzer oder ein Detek-
tiv auf Posten. – Sie lesen dahinwandernd links und
rechts Firmen. Und Fundbüro, Leihamt, Akademie ...
XII. Oberrealschule, Verein für ... Auf jeden Berliner

kommen sechs öffentliche Einrichtungen, ohne die
Bedürfnisanstalt ... »Mein Kleid ist hin. Ich bin total
durchnäßt.« – Blicken Sie auch mitunter nach oben.
Dort ganz oben, dem lieben Gott und dem Mars viel nä-
her als wir, wohnen unlegitime Fürsten, ohne Gewissen,
ohne Ehre und ohne Würde. Denn waren es aristokra-
tische Hausbesitzer, die neulich ihr Kommando zur
Française bewunderten, so werden es andere Leute sein,
die ihnen morgen mitleidig eine Unterhose abkaufen. –
»Das verstehe ich nicht: Fürsten ... Unterhose?« – Nun,
junge Leute sind's ... sie suchen sich aus Lügen heraus-
zulügen. Und manchen gelingt es, aus Leinewand,
Kohldampf und grauen Haaren ... Gold zu kochen.
Kluge Leute, die wohl wissen, daß erreichtes Ziel luxu-
riösen Stillstand bedeutet und daß dann vergötterter
Krebsgang folgt. Aber doch hetzen sie sich 24 Stunden
qualvoll theaternd ab, um für einen antiken Bronze-
leuchter 10 Mark zu erbetteln. Und nachts liegen nackte
oder buntumhüllte Nuschas auf ihren Tischen und trin-
ken Allasch aus Eierbechern, ebenso auf Berühmtheit
gefaßt wie auf Pfändung. – Fräulein von Camphusen
spricht nur mehr mit ihrer Freundin. – Gussi will ver-
söhnen. – Dort oben zweiter Stock, zweites Fenster von
links, hinter den erstklassigen Pensionsgardinen ver-
brennt ein gespannt lauschender Feinmechaniker Briefe,
Kofferadressen, Gegenstände ... Morgen will er reich
sein. Gestern hat er eine Witwe erdrosselt. – »Wen? –
Wieso? – Woher?« – Ich weiß es nicht, aber ... man liest
es doch täglich. – »Höre Gustav«, sagt Feridell, »nässer
werden wir doch nicht, wollen wir nicht endlich ...« –
Gut. Er führt sie in dunkle, bemalte Hausflure, über
halsbrecherische Stiegen, in Hinterhöfe und überra-

schende Durchgänge. Dort im Stockwerk fädeln und
stechen junge, verkümmerte Mädchen tagaus, tagein, bis
sie spitze Nasen bekommen und auf einem sauren
Sparkassenbuch sterben. Die Direktrice geht nächste
Woche mit einem phantastischen Hochstapler durch. –
Dort sind auch Junggesellenwohnungen und Aftermie-
ter-Boudoirs, die man einmal nachts wie ein Dieb betritt
und nie wiederfinden würde. Später besinnt man sich
auf einen Bärtigen, der im Schlafrock vorlas aus »Die
Bienenfabel oder der Nutzen der Privatlaster für das öf-
fentliche Wohl« ... – Anna ist verstimmt. – Indem Gussi
vermitteln will, bekennt sie sich restlos offen zu ihm.
Das rührt ihn. – »Dein abscheuliches Berlin! Wie ganz
anders, wie schön war es damals dort auf der Mole ... –«
– Ja Gussi, es war dort so schön, weil wir es hier ähnli-
chen Menschen erzählen oder verbergen würden. – Im
Spaßmachen, Unsinntreiben, da hat seine rege Phantasie
leichten Sieg. – Wenn man Bauchreden erlernte, könnte
man sich selber Rätsel aufgeben und beantworten, oder
sich mit sich streiten. – So gewinnt er Annen zurück. –
Ihnen rollt ein Schlachterwagen vorbei, der eine Kuh am
Strick nachzieht. Sie muß Trab laufen, das Euter
schwabbelt lächerlich hin und her, und sie glitscht auf
dem spiegelnden Asphalt häufig aus. – Auf dem Lande
drehen sich die Leute nach einem englischen Offizier
um. Die Berliner wenden ihre Köpfe nach einer Kuh
oder nach singenden Spaziergängern. – Anna hält die
Kuh für ein abscheuliches Tier, wegen der Kruste.
Worauf Gustav es für denkbar erklärt, daß eine halbtau-
be Frau jetzt einwerfen könnte, die Kruste sei gerade das
Beste. Alle drei lachen noch in der Konzertloge. Das
Parkett ist wie ein Kohlfeld mit Köpfen bedeckt.

Schlüge man sie ab, sie fehlten morgen nicht im öffentlichen Gewimmel. – Gustav träumt nachts vorsätzlich von Anna. Auch wachend redet er sich Verliebtheiten vor, deutet es andern gegenüber an. Und Elfchen schenkt ihm eine neue Krawatte und ermahnt ihn, die Gelegenheit zu nützen, nicht so freie Reden zu führen, sich natürlich und bescheiden zu benehmen. – Pah! – Als er noch Matrose war, hatten ihn die Mädchen an den Küsten lieb, weil er sich anders und lustig gab und nicht berechnend, sondern nur flüchtig, vorübergehend erschien. –

Cecilie: Aber doch interessant?

Anna: Ja, wollte mit uns in einem ganz fremden Hause durch die Bodenluke aufs Dach klettern. Um uns die Berliner Alpen zu zeigen, mit Gärten auf Holzzement und Gletschern, wo manchmal wilde Jagden stattfänden, bei denen herrliche kühne Verbrecher erschossen würden.

Cecilie: So sind die Künstler ...

Anna: Ja, aber manchmal so merkwürdig, fast unheimlich. – Ich glaub' er ist nicht ganz richtig. – Ich fürchte mich vor ihm.

10.

Amtsgericht I erläßt ein Aufgebot hinter 20 Verschollenen, deren Todeserklärung beantragt ist.

Nur plaudern, das kostet ja nichts. Im Gegenteil, dann möchte sie noch Bohnenkaffee und Gebäck mit ihm teilen. Die Hure Biela. Und das auszuschlagen, erfordert

Überwindung von ihm, dem Hungergeschwächten. –
Wie ein von Märchen Entrücktes lauscht sie seinen trau-
rigen Gedichten, schreibt sie dankbar in ein fettiges
Heft. Er sagt sie auch innig und echt her; liegt doch hin-
ter ihm eine stundenlange bekümmerte Wanderung
durch die Straßen, die er kennt, die ihn nicht kennen. –
Man hat sein Drama abgelehnt. Eine halbe Minute oder
die Laune eines Lektors, oder einer Gottheit weiser
Beschluß zerpflückte ihm das Werk eines Jahres. –
Annemarie hat sich von ihm losgesagt, einen Tag bevor
seine besten Schuhe barsten. Erbärmliches Leder. –
Arbeitern wich er aus, die Schokolade kauten oder
Grogdünste, Geldgerüche aushauchten. Ahnt keiner
von ihnen, daß das, was in Hauffs Märchen unsere Brust
bedrängt und uns Güte ausweinen läßt, daß das heute

unter Liftboys leben kann, vielleicht jetzt augenblicklich
in der Kakadubar vor der Tafel mit den Renndepeschen
zu finden wäre. – Wer nur arbeiten will, Arbeit ist genug
da. Herr Purmann hat das über ihn geschüttet wie heißes
Blei. Aber Purmanns wissen es nicht besser. Das Glück
hängt vom Gewissen ab, aber das Gewissen vom Ver-
stande. – Schuld, Irrtum, Glück, Zufall, Verantwortung
… Lauter durcheinandersiedende Moleküle – Noktavi-
an hat eine Anstellung gefunden. Er besucht vornehme
Kundschaft, um Beiträge zu sammeln für ein nationales
Privatunternehmen. Viele honorige Stellungslose wer-
ben so für ähnliche Vereine unter hohen Protektoraten.
Sie betteln erstaunliche Summen zusammen, aber doch
nur so viel, daß es gerade die honorigen Spesen der Eh-
renamtlichen deckt. Nun kann Noktavian wohl reisen
und Beziehungen anknüpfen. – Liebenswürdige Freun-
de von Gustaven, begabte jüdische Kollegen der Litera-
tur oder Kunst, wußten sich auch durch diese Zeit
scharfdenkend und beharrlich höher zu schrauben; lie-
ßen hier einen überflüssigen Brocken Ehre fallen, zer-
traten dort unauffällig einen anständigeren Ringer. –
Und denen, die Ruhm und Gold besitzen, nähert sich
behaglich der Zufall und segnet sie. Und was uns vorzu-
stellen gelingt, das sind wir auch. Brave, unverantwort-
liche Soldaten zerfleischen darüber brave, nur geistig an-
spruchsvollere Brüder. – Und die Gewinnenden? was
gewannen sie? Wer ist heute wahrhaft zufrieden? Oder
doch? Oder nein? – Deutschland wurde gar zu arg ge-
schüttelt. – Und wie's kam und wie's auch noch kom-
men sollte, du, bleierner Gustav, wirst immer auf dem
Grunde bleiben. Die Offiziersschärpe und die Kriegsor-
den anlegen und dich bettelnd in der Wilhelmstraße auf-

stellen. Nein, das darfst du nicht. Denn du triffst hin und
wieder anständige Kameraden und besuchst doch zu-
weilen den feudalen Klub, wo getreue, zum Teil kriegs-
verstümmelte Helden dauernd Kinder mit dem Bade
ausschütten und einem eitlen, beschränkten Götzen hul-
digen, der sich aus dem Staube gemacht hat. Außerdem
werden dir gewiß schon andere mit dieser Idee zuvorge-
kommen sein. – Denn Berlin ist ja so hoffnungslos abge-
grast von der schlingenden niedertretenden Vielheit. –
Die Bourgeois? Auch du gehörst ihnen wohl an, den ta-
tenlosen oder den kurzsichtigen oder den steifdummen
oder den heimlich zufriedenen Scheinbellern. Und die
Radikalsten? Ideale erfüllen sich nie, aber unter wirren
Umständen die Taschen. – Und die Verbrecher? Vergrei-
fen sich an den Mittleren und Kleineren. Denn die Tier-
gartenstraße schützt der Staat, es ist seine Straße. Der
Staat ist fett gemästet, ernährt sich nur mehr von jungen,
zartesten Gemüsen. Wenn ich Präsident wäre, ich wür-
de … Geschwätz! – Woge prallt gegen Woge. Wurde mir
die Seefahrt doch leid? Ich bin ein verbrauchter Süßwas-
sermatrose, der sein Leben auf dem Lande beschließen
möchte. – Die Hochsee hat ihre Wunder, aber in die
Tiefe muß man tauchen, sie zu heben, und man kehrt da-
bei leicht nicht wieder zurück. Andere bescheiden sich,
dringen an der Oberfläche rasch vorwärts. Noch ein an-
derer erhängt sich. Der läuft nur einen Knoten und er-
reicht doch am ehesten das Ziel. Das wäre etwas für
dich, Gustav. Und deine paar Habseligkeiten alle testa-
mentarisch dem einen Freunde vererben, daß die Ver-
wandten und Mäzene wenigstens einmal stutzen wür-
den: »An diesem Deeters muß doch etwas sein …« –
Man plaudert mit ihnen. Immer das gleiche. Unter die-

sen Mädchen gibt es mitunter noch Altangesessene und auch eine gewisse Kultur in Berlin. – Man weiß im voraus, was Biela antworten wird. – Wie sie sich ihre Zukunft ausmalt? Sie wird mit Ersparnissen ein Blumengeschäft gründen, oder Zimmer vermieten, entweder als Kupplerin oder an anständige Herren. – Sie sind gemütlich und ehrlich, solange man an dem barschen Kontrakt nicht rüttelt. Sie bieten dir heute nervenpeitschenden Kaffee und morgen tödliches Gift. – Beiläufig, in ausgelassener Festgesellschaft antwortete Elfchen einer Frau Rat mit komischem, fast rührendem Stolz: »O, als Heinz mit mir in Paris war, damals haben wir auch oft drei Tage und drei Nächte hintereinander durchbummelt ...« Wer verdient das Leben? Alle andern sind schuldbeladen. Ich, Gustav, bin der einzige anständige Charakter. So aussichtslos ... so hoffnungslos ...

11.

– – die Nummer des Autos war nicht beleuchtet. Die Leiche wurde dem Schauhause zur Obduktion überwiesen.

Wollte jemand Gustaven bei Deeters denunzieren, sprechend: Er hält auch vor dir Geheimnisse zurück! – Deeters würde lächelnd abwinken. Klapp den Deckel drauf. – Zwei Stammgäste trinken peinlich kritisch Weiße. Der alte Herr von der Filmbranche bietet dem Herrn Schneidermeister eine Prise an. Dieser ruft dem Kellner etwas zu in dem Dialekt der achtziger Jahre von Kölln jenseits der Spree: »Max, juckeln Se man los mit

Ihren ollen Zossen ...« – Ein kleiner bärtiger Herr
nimmt eilig an diesem Tische Platz. »Vergeben Sie«, ki-
chert er, »wenn ich ehrliche Fußnote in die 22. Zeile
Ihres Vorworts einfalle. Sie sind der richtige Berliner, in
Berlin die zweite Auflage. Sowas erschien wohl anno 79
bei Hermann, aber was bedeutet es heute? Bestenfalls
reiste der Großvater zu und der Enkel verzieht mor-
gen.« Der Sprecher legt Geld auf den Tisch, löffelt eine
Erbsensuppe in sich hinein und entfernt sich. »Der
scheint etwas Manoli zu sein.« – Gustav aber schlendert
durch die Nacht, darin, von dunstigen Gespenstern
überhuscht, Lichter hängen. Hohe bleiche Monde, or-
dinäre Butterblumen, an den Stationen aufregend rote
Augen über Blutpfützen oder grüne Augen. Und über
den Straßen dahingleitend, goldstreuend, der um eine
andere Welt wissende Blaufunke. – Wie Gustav geklei-

det ist, zu allem fähig, nichts gegen ihn einzuwenden, bemerkt er zufrieden, wie die Geheimpolizisten und andere Spione ihm ratlos nachblicken. Er kennt sie besser, die Strengen wie die Bestechlichen. Im Keller der Bananenliese oder unter der Falltür der grauen Frau öffnet sich ihm, dem bescholtenen Ringkämpfer, vertraulich die Chronique scandaleuse. Es würde aber seine wundersamen Privatstudien unnötig beeinträchtigen, wenn er Bielas Zuhälter anzeigte. Dagegen kommt ihm der Ruf zustatten, den er sich erwarb, als der internationale Dreadnought Kanarienschorsch niederboxte. – Gustav hustet grimmig ein paar seifige Zwitterjünglinge vom Bürgersteig. Und schnackt ein wenig mit dem alten Fuchswolf, der nachts mit einem Knüppel einen Schirmladen bewacht und nebenher geheimen Handel mit amerikanischen Zigaretten und Nacktphotos treibt. Er tauscht einen Witz mit den Droschkenkutschern am Halleschen Tor, läßt sich von Nora neue Anekdoten über Perverslinge erzählen. Und schaut zum hundertsten Male zu, wie ein junges, aber reifes, dralles Mädchen mit einem Puppenwagen den bettelnden Rumpf wegfährt, der allabendlich einige Stunden an der Planke lehnt, wo die parteipolitischen Aufrufe angeschlagen werden. – Im rauchigen Keller von Lutter & Wegner mischt sich der Artist Gustav al Ratschild unter eine bezechte Gesellschaft falscher Offiziere und falscher Schauspielerinnen. Da quirlt Lustigkeit aus dem Vollen heraus. Denn es kommt den Kavalieren nicht darauf an, der Abortfrau Lewandowsky, die aus Exkrementen russische Zustände und noch Angenehmeres prophezeit, einen Fünfzigmarkschein zu schenken. Und die Damen stecken dem Oberkellner noch höhere, geheimnisglatte

Gelder zu. Und jemand bietet Gustaven 200 Mark an,
wenn er nur in ein Telephon spräche: »Hier Vorsteher
Günther. Der Wagen soll am dritten Gleise warten.« –
Niemand außer Gustaven hört in dem Lärm, wie
Hoffmann leise an der Wand kratzt, an der Stelle, wo
früher das historische Bild hing. Gustav verläßt den
Keller, springt drei Schritte rückwärts, weil Murr quer
über den Weg huschte. – Und drei Stunden lang für ein
verschwiegenes Honorar ist er damit beschäftigt, ein
vornehmes Haus in der X-Straße dauernd zu verlassen.
Jedes Mal prallt er mit einem Herrn im Pelz zusammen,
der dann ruft: »Pardon, die Zeit macht einen nervös.«
Jedes Mal antwortet Gustav dann: »Eine Nase läßt sich
immer wieder drehen.« Und geleitet die Herren ins Par-
terre, wo ein Kügelchen über schwarze und rote Felder
hüpft. – Gustav, der Chiromant, trinkt bei einer alten
Hexe Whisky aus einer Napfkuchenform und unterhält
sich flüchtig durch ein sulfurisches Sprachrohr mit
Clamur, Machandel und Pipo. – Gustav hinkt. – Hin-
term Reichstagsgebäude steckt er den falschen Bart in
die Tasche. Ein Irrsinniger spricht ihn an. Ob der Schuß
am Hundekehlensee schon gefallen sei? – Gustav nickt,
wandelt tief Atem schöpfend weiter, dorthin, wo keine
Laternen leuchten, unter die Bäume am Kanal. Lehnt
sich übers Geländer und blickt in das tintenartige Flie-
ßen. – Als die letzten Schritte eines wankelmütigen
Mädchenjägers verhallen, wird es dort unheimlich still. –
Gustav summt: Es schwimmt eine Leiche im Land-
wehrkanal. Reich sie mir mal her, aber knutsch sie
nicht so sehr. Dann lauscht er, strengt seine Augen an. –
Eine Leiche treibt langsam näher. – »Es schließe sich der
Ring!« – »Völlig!« antwortet eine Stimme, die Leiche

bremst. Gustav stößt einen Bootshaken in ihren Leib
und langt sie damit heraus. Es ist Pinkomeier. Er be-
gleitet Gustaven trällernd, trällert das Lied vom sublu-
narischen Wandel. Dabei redet er Dummheiten, die
morgen vergessene Weisheiten sind. Und Gustav notiert
sich einige kluge Bemerkungen, um sie morgen als wir-
ren Blödsinn zu verbrennen. – »Mehr Humor, Gustav,
Ataraxie auch im Verrecken!« sagt Pinkomeier. »Du läßt
dich vom ersten Eindruck erwürgen. Krieche stumm
in die Dinge hinein; alle, die empörendsten, sehen inner-
lich ganz natürlich fleischfarben aus. Und ob in der
Mühle die unterste Bohne bevorzugter sei als die ober-
ste, die bis zuletzt den andern auf den Köpfen tanzt ...?
Pah, gehupft wie gesprungen! Studiere du unbeküm-
mert weiter und glaube mir: Es ist kein so großer
Unterschied zwischen der Bibel und dem Berliner
Adreßbuch. – Im Morgendämmern, wie etwas ganz son-
derbares, erhebt sich Vogelgeschwätz. Die Spatzen, die
Nachtigallen der Stadt. Wovon ernähren sie sich in
dieser brotlosen Zeit? Wovon ernähren sich ... – Ein
hackender Schritt ertönt, vom Echo der andern Seite
geprügelt. Arbeiter mit klappernden Kannen eilen.
Dicke Bündel farbloser Röcke schleppen Gemüsekörbe
zur Markthalle. Das Volk der Angestellten schwärmt
aus, Sklaven. Pedanten, die das Ende eines selbstgekauf-
ten Bleistiftes erleben. Bleich, kurzsichtig gewordene
Mädchen. Ein gewisser, beinahe familiärer Kommunis-
mus des Kontorlebens bewirkt es, daß sie mit einer Art
Heimatgefühl in die kahlen Büros ziehen. – Müde, ohne
ein Nachthemd einzuwechseln, sinkt Gustav in den sü-
ßen Eintagstod. Aus der Matratze brummt Pinkomeier
Gute Nacht. – Nur einmal, kurz aus dem Schlaf erwa-

chend, schaudert es Gustaven, als er Licht in seiner
Stube bemerkt und einen bloßen Arm gewahrt, der aus
dem Türspalt des Kleiderschrankes herausragt.

12.

*L. F. Café Josty Freitag, Adresse wiederho-
len, wichtig Sporendank, Zürich entschlos-
sen. Vorsicht Postl. 27, Amt 12.*

»Heh! Heh! Pst! Wiga!« – Er springt einen kühnen Satz
vom Autoomnibus. Das lernt sich hier. »Ich habe Eile,
aber ein Stück begleite ich dich.« Wie geht dir's Gustav?
»Manchmal … heute … hat Berlin einen Himmel. Ich
bin dabei, meine Schulden zu bezahlen und zu schen-
ken. Mein Drama ist honoriert, ein guter Freund von
mir hat es …« Du hast viele gute Freunde? – »Mehr
Freundinnen.« – Ich träumte gestern von dir, Gustav.
In der Kirche. – »In welcher? Es sind ihrer viele hier,
manche so verbaut, daß man jahrelang täglich vorbei-
geht, ehe man sie hinter Plakaten, zwischen einem Kino
und einem Palast der Lebensversicherung entdeckt.
Auch richtige Gebete und zauberstarke Frömmigkeit
gibt es hier.« – Übrigens Gustav: Ich bin verheiratet.
Willst du morgen bei uns essen? Notiere unsere Tele-
phonnummer … –

Es ist eine andere, eine kleine, kluge Frau, die Rot-
weingläser auf den sauberen Tisch zwischen den beiden
parallelen Räkelpolstern stellt. Und selbst nie sentimen-
tal, doch gut, treu, zieht sie Kösters rührsame Spieluhr
auf. – Miezko, lasest du mein Manuskript? – Ja, manches
verstehe ich nicht. – Muß man denn, kann man alles ver-

stehen? – Nein, aber warum verschüttest du die Schön-
heiten? – Trüffeln stecken immer tief im Dreck. – Aber,
Stävle, ich bin doch kein Trüffelschweinchen! – Nein,
ich schreibe doch auch kein Dreckchen. Es sind Fetzen,
aus Zeit und Ort herausgerissen, nicht die gute alte Zeit,
nicht Gulitzsch an der Wipper ... Das Band zerrissen
und du bist ... Ach, Miezko, ich bin heute so glücklich.
Ich habe mich von Purmanns losgesagt. Nein, nicht
jetzt, da ich für acht Tage Seligkeit bei mir habe, sondern
vordem, als ich keine Kohlen und kein reines Nacht-
hemd mehr besaß. – Aber Stävle, so, wie du mir die
Leute gelobt hast, war es vielleicht doch etwas ... –
Nein, Miezko, ich log dich an zu Purmanns Gunsten, als
ich erkannte, daß ich mich selbst belogen hatte, und daß
Purmanns mich oder sich selber belogen hatten. Und ich
bedankte mich, wo sie danken mußten, und steckte be-
schämt ihre Vorwürfe ein, wo ihr graues Haar ... Soll ich
mich um eine Erbschaft verkaufen? Ach, sprechen wir
von anderem! Was erlebtest du inzwischen? – Miezko
entzündet eine kleine Laterne mit Butzenscheiben und
läßt die gebatikte Bühne von Weißgerber verlöschen.
Vier schwache Strahlenbündel pendeln über merkwür-
dige Kupferstiche, über ostfriesische Möbel und kerami-
sche Niedlichkeiten. Frauenbeine schimmern durch ein
warmes Violett. – »Es waren mancherlei Besucher bei
mir, um ihre Sehnsucht nach München auszuschütten.«
– Nach München jener Zeit. Jetzt lebt es sich stärker, ge-
sünder und schneller in Berlin. Hier tröstet die Vielheit
der Erscheinungen und Erlebnisse ... »Ja, Stävle, ich ha-
be auch wieder Romane erlebt, seit du ...« – Man ent-
geht ihnen nicht. Wir erleben sie, hören sie, lesen sie aus
Zeitungen, Büchern, und selbst noch in der einsamsten

Zelle auf den Oktavbogen, die wir vom augenspießen-
den Draht abreißen. Und sie kreuzen sich und verwirren
sich wie die Bindfäden in Elfchens Schubfach. –
»Kehlbaum hat hier eine halbe Flasche Cordial Medoc
über Berlin verschimpft, das keine Kultur habe.« – Nein,
wenig. Es ist Fremde, unübersehbare, unerschöpfliche
offene See, also Weg nicht Platz. Nur nicht als Wrack
dort liegen bleiben, wo es verebbt oder zerschellt. Zu-
weilen landen, sich träge wonnig erholen, aber dann
wieder hinaus. Hindernisse überwinden, ums Leben
kämpfen, alle Sinne stets wach und gespannt, denn
Strudel und Strömungen locken und drohen. Hinaus,
um in der massigen Einsamkeit zu leiden. Woge um
Woge, Moment um Moment. (Gustav küßt die Hände
seiner Freundin.) Du verstehst mich. Man muß Berlin
visionär genießen. – (Sie streichelt sein Haar.) – »Ja, es ist
Meer. Manche reisen herbei, um sich darin zu baden
oder auch nur zu waschen. Andern gelüstet nach aben-
teuerlichen Fahrten. Manche müssen untergehn.« – Pro-
sit Miezko! Wenn der Frühling die städtischen Anlagen
beehrt, dann stehl' ich mir einen Zweig, daran zarte gel-
be Wollwürstchen hängen, die duften wie: Alles wird
einmal wieder gut. – Und die Sonne weckt paradiesische
Seligkeiten aus kahlen Kalkwänden. – Miezko will ant-
worten. Da poltert die Tür schreckhaft, und auf der
Schwelle steht ein eleganter Neger, der einen Muff und
eine Handgranate …

Geheimes Kinder-Spiel-Buch (1924)

Abzähl-Reime

Bülow, Nolle, Witte, Zoo …
Auf dem Dache sitzt ein Floh,
Der sich nicht zu helfen wo.

Konikoki Kakadu …
Rose auf und Rose zu.
Ferkel Ei und Ferkel Zwei.
Wer nicht fehlt ist mit dabei.

Stachus, Kios, Kaos, Kies,
Spinne, Speise, Scheiße, schieß.
Sexu Elefant Asie.
Fische haben nie kein Knie.

Maikäfermalen

Setze Maikäfer in Tinte. (Es geht auch mit Fliegen.)
Zweierlei Tinte ist noch besser, schwarz und rot.
Laß sie aber nicht zu lange darin liegen,
Sonst werden sie tot.
Flügel brauchst du nicht erst rauszureißen.
Dann mußt du sie alle schnell aufs Bett schmeißen

Und mit einem Bleistift so herumtreiben,
Daß sie lauter komische Bilder und Worte schreiben.
Bei mir schrieben sie einmal ein ganzes Gedicht.

— — — —

Wenn deine Mutter kommt, mache ein dummes
                                    Gesicht;
Sage ganz einfach: »Ich war es nicht!«

Himmelsklöße

(Das Spiel, das Frau Geheime Hofrat Anette von
Belghausen Berlin S. W., Königgrätzerstr. 77[1],
als Kind so gern gespielt hat)

Je mehr Kinder dabei mitmachen,
Umso mehr gibt es nachher zu lachen.

— — — —

Dicke Papiere sind nicht zu gebrauchen.
Man muß Zeitung oder Briefe von Vaters Schreibtisch
                                    nehmen.
Keiner darf sich schämen,
Das Papier mit der Hand in den Nachttopf zu tauchen.
Wenn es ganz weich ist, wird es zu Klößen geballt
Und mit aller Wucht gegen die Decke geknallt.
Man darf auch vorher schnell noch Popel hineinkneten.
Solche Klöße bleiben oben minutenlang kleben.
Jedes Kind muß nun unter einen der Klöße treten
Und den offenen Mund nach der Decke erheben.

Vorher singen alle im Rund:
»Lieber Himmel tu uns kund,
Wer hat einen bösen Mund.«

Bis der erste Kloß runterfällt
Und trifft zum Beispiel in Fannis Gesicht.
Dann wird die Fanni umstellt.
Und alle singen (nur Fanni nicht):
»Schweinehündin, Schweinehund!
Himmelsklöße taten kund:
Du hast einen bösen Mund.
Sperrt sie in den Kleiderschrank
Wegen ihrem Mordsgestank.«

— — — —

Steckt eurem Vater frech die Zunge
Heraus. Und ruft: »Prost Lausejunge!«
Dann – wenn er vorher auch noch grollte –
Vergißt er, daß er euch prügeln wollte.

Schlacht mit richtigen Bomben

Das muß sein wie bei einer wirklichen Schlacht,
Mit richtigem Zufall, wo's blitzt und kracht.

— — — —

Kannst du Stahllineale oder Fischbeinstäbe kriegen,
Im Korsett in deiner Mutter wirst du welche finden.
Die mußt du spannen, das heißt im Bogen biegen
Und beide Enden mit Zwirn zusammenbinden.
Lege solch Bomben auf einen Zeitungswisch,
(Den du vorher mit Benzin begießt), auf den Tisch.
Nun baust du ganz dicht drum rum deine Bleisoldaten
Auf. Wies grade kommt, kreuz und quer,
Als wären sie schon ins Handgemenge geraten.
Spritze auch nochmals bißchen Benzin umher.

Nun mußt du von etwa zwei Schritt zurück
Brennende Zündhölzer zwischen schmeißen.
Dann brennt alles. Die Bomben platzen und reißen
Große Lücken. – Das ist das Soldatenglück,

— — — —

Und wenn dein Vater dir droht, er wolle den Stock
                                            holen,
Dann sage, das frühere Dienstmädchen
habe das Spiel dir empfohlen.

Eine Erfindung machen
(Nur für Kinder, die keinen Schiß haben)

Wer was erfindet, wird furchtbar reich.
Was man erfindet, ist ganz gleich.
Wenn man nur allerlei Dinge zusammenmischt,
Noch länger, als bis es zischt, und das Richtige
                                            rausfischt,
Dann wird man in wenigen Stunden
Berühmt oder macht Gold.
Ich hab auch schon mal was zur Hälfte erfunden,
Aber Wolfgang, mein Bruder wollte nicht mehr. –
Wenn ihr das etwa fertig erfinden wollt,
Will ich's euch sagen. Aber es ist sehr, furchtbar sehr
                                            schwer.
Das allerwichtigste ist die teure
Furchtbar gefährliche Salzsäure.
Entweder findet ihr die im Klosett
Hoch oben auf einem Brett.

Oder ihr müßt euch unter das Dienstmädchen stecken.
Dürft aber ja nicht dran lecken.

— — — —

Erst legt ihr einen Goldfisch oder anderen Fisch –
Es kann auch ein Rollmops sein –
Nicht etwa auf den Tisch,
Sondern: Auf Elfenbein.
Und zwar auf die weißen Tasten von dem Klavier.
Müßt aber die Fische vorher mit Bier
Und Zahnpulver kneten,
Und auch erst tot treten,
Damit sie auch liegen bleiben.
Nun müßt ihr Seife, dann Zwiebel darüber reiben.
Dann müßt ihr Pfennige, Nachtleuchterstücken
Und anderes Kupfer tief in die Fische drücken,
Und nun darüber langsam die Salzsäure träufeln.
Dann holt ihr schnell eine Schaufel (eigentlich zwei
                              Schäufeln)
Voll glühender Kohlen.
Wolfgang ließ mich damals die zweite Schaufel nicht
                              holen.
Der dumme Ochse ist ja zu unverschämt.
Aber ihr müßt das zu Ende bringen.
Wenn ihr noch Soda und Wachs und sowas zu nehmt,
Dann wird's schon gelingen.
Und wenn eure Eltern was wollen,

— — — —

Dann müßt ihr zum Trotz in die glühenden Kohlen
                              fassen.
Und sagt nur ganz barsch: Sie sollen
Sich lieber und recht bald begraben lassen.

Sich interessant machen
(Für einen großen Backfisch)

Du kannst doch schweigen? Du bist doch kein Kind
Mehr! – Die Lederbände im Bücherspind
Haben, wenn du die umgeschlagenen Deckel hältst
Hinten eine kleine Höhlung im Rücken.
Dort hinein mußt du den weichen Käse drücken.
Außerdem kannst du Käsepfropfen
Tief zwischen die Sofapolster stopfen.

— — — —

Lasse ruhig eine Woche verstreichen.
Dann mußt du immer traurig herumschleichen.
Bis die Eltern nach der Ursache fragen.
Dann tu erst, als wolltest du ausweichen,
Und zuletzt mußt du so stammeln und sagen:
»Ich weiß nicht, – ich rieche überall Leichen –.«

— — — —

Deine Eltern werden furchtbar erschrecken
Und überall rumschnüffeln nach Leichengestank,
Und dich mit Schokolade ins Bett stecken.
Und zum Arzt sage dann: »Ich bin seelenkrank.«

— — — —

Nur laß dich ja nicht zum Lachen verleiten.
Deine Eltern – wie Eltern so sind –
Werden bald überall verbreiten:
Du wärst so ein merkwürdiges, interessantes Kind.

Die Rakete und der Kater

Hui! Die Rakete stieg. Sie fauchte
Am Dach vorbei und höher. Glühend jung.
Bis sie in wundervollem Linienschwung
In ferne, dunkle Abendwolken tauchte.
Auf jenem Dache saß ein schwarzer Kater.
Der sah die schöne Linie, und was tat er?
Zunächst: er fauchte ebenfalls.
Dann dehnte er sich, reckte seinen Hals.
Dann krümmte er den Buckel, hob ein Ohr
Und streckte seinen Schweif graziös empor,
Um jene schöne Linie nachzumachen.
Doch die Rakete oben barst vor Lachen.
Da warf sich unser schwarzer Kater
Wild auf den Rücken. Und was tat er?
Was tat er außer sich vor Wut?
Nun, was man sonst gewöhnlich nicht
Gerade auf dem Rücken liegend tut.
Er tat es kräftig, tat es reichlich, gut;
Er hatte kurz zuvor zu Haus
Zwei Babyflaschen ausgesogen.
Doch jenen herrlichen Raketenbogen – –
Nein, nein, den kriegte er nicht raus.

Nervosipopel

Mitschüler erzählten als Witz, seine Mutter sei Leichen-
bändigerin und seine Großmutter Löwenfrau gewesen.
Es war etwas daran, aber der Fall lag doch anders.
Indessen nahm Feix Daddeldu dergleichen Nachreden
nicht übel. Er lachte dazu. Seine Gutmütigkeit lag nicht
immer so offen, ward daher auch von vielen Leuten an-
gestritten. Von dem Lehrer, dem Feix eine Stunde lang
auf alle Fragen mit »Wie?« antwortete. Vom eigenen
Vater, wenn dieser sein Pfeifenrohr mit Wachs verstopft
fand, und sogar von der Mutter, wenn Feix durchaus
nicht zu bewegen war, das Kippen mit dem Stuhl einzu-
stellen. Diese eigensinnige Beharrlichkeit war das Häß-
lichste daran. Machte Feix seinen Bruder, dem das
Rechnen sowieso von Natur aus schwer fiel, beim
Addieren durch lautes, unrichtiges Mitzählen konfus,
dann verdrosch Kuttel schließlich den Feix. Aber nach-
her fuhr dieser fort, laut, unrichtig mitzuzählen: »14, –
15, – 16, – 18, – 20«. Und ließ sich widerstandslos aber-
mals verdreschen und zählte weiter, und das hätte sich –
was an ihm lag – lebenslang so fortsetzen können. Lag
aber nicht, setzte aber nicht.

Jedoch das Allerärgerlichste war das Lachen. Wie Feix

zu dem, was er im Grunde genommen gar nicht tat, lachte. So gemein! Gemein konnte man eigentlich nicht sagen, Feix lachte ja die anderen nicht aus, nicht einmal an. Sondern er lachte einfach gleichmäßig heraus oder vielmehr in sich hinein, nicht boshaft, nicht schadenfroh, nicht höhnisch, aber so – so – so dumm! Obwohl er vermutlich gar nicht dumm war. Man wußte das zwar nicht. Er hielt in der Schule Schritt, drängte sich nicht vor, sondern war schweigsam, widersprach nie, fand sich in alles. Es war ihm überhaupt nichts Bedeutsames vorzuwerfen. Weil seine liebevollen Eltern keinen Haken entdeckten, um ihn zu bestrafen, er aber doch nach ihrer Meinung irgendwie was Queres hatte, so versagten sie ihm seinen einzigsten Wunsch, Seemann zu werden, und schickten ihn in die Stadt zu einem Drogisten in die Lehre. Feix arbeitete normal fleißig bei dem kleinen nervösen Drogisten und wohnte und speiste mittelmäßig in der Fremdenpension der geschäftigen, vielseitigen, nur etwas leicht erregbaren Drogistenfrau. Herr Bulverin, so hieß der Drogist, wußte nur Gutes an die alten Daddeldus zu berichten. Leider wurde er von Tag zu Tag nervöser. Die Tür zum Privatkontor und das Fenster standen immer wieder offen, und der Zugwind wehte die Rezepte und sonstige Papiere durcheinander. Im Laden standen die gleichartigen Flaschen, Phiolen und Dosen nicht mehr parallel, sondern schief zueinander. Die abends mit Bulverinschem Patentöl geschmierten Türangeln waren morgens verrostet und quietschten.

Auch die Erregbarkeit der Madame Bulverin nahm zu. Die bedauernswerte Dame verbrachte schlaflose Nächte. Weil die Wasserleitung tropfte, tupf, tapf, tupf, tapf. Irgendwas – sicherlich eine Maus – nagte. Wo? –

Woran? – Woher? Die Feldherrnbilder hingen schief.
Etwas klappte von Zeit zu Zeit.

Erst nach sechs Monaten fingen die Eheleute Bulverin
an zu ahnen. Wie Bulverins Patentöl in Blechkännchen
zu Wasser wird. Seit wann die Pensionstische auf ange-
sägten Beinen hinkten.

Da nichts nachzuweisen war und kein Entlassungs-
grund vorlag, sondern aus anderen nebensächlichen
Ursachen machte die Drogerie plötzlich Pleite, und
Feixen blieb nichts übrig, als ohne Geld, aber mit viel
bestem Zeugnis nach Hause geschickt zu werden.

Solche Leute wie Frau Daddeldu halten nichts von
Zeugnissen und sehen auch nicht auf Geld. Aber in dem
Nach-Hause-geschickt-werden fand die redliche Frau
einen Fliegendreck. Und es mußte wohl auch im Beneh-
men ihres Sohnes mancher Fliegendreck oder wenig-
stens einer gefunden sein. Sie spürte dem vier Wochen
lang nach, ohne recht dahinterzukommen. Aber man
schmettert nicht Türen zu, als gälte es, Büffel zu köpfen.
Und als Feix wieder – nun schon zum elften Male – die
Lampe so auf den Tisch gestellt hatte, daß ihre eine
Hälfte über den Tisch hinausragte, wurde es Beschluß,
daß Feix sich erst einmal als Seemann ein bißchen Le-
bensernst zusammensegeln sollte.

Er war kein so tüchtiger und beliebter Seemann wie
Kuttel, aber auch kein so leichtsinniger Abenteurer wie
sein anderer, sein verschollener Bruder. Sondern genüg-
te seinen Pflichten mit Durchschnittsleistungen. Seine
Kameraden und Vorgesetzten hatten ihn im Grunde ge-
nommen gern, war doch sozusagen nichts gegen ihn ein-
zuwenden. Aber seine Ruhe war keine Ruhe mehr.
Nicht etwa Faulheit. Aber er machte die ältesten Jahn-

maate, diese wetterharten, bedächtigen Bärenkerle, er
machte sie kribbelig; und als ihm der sechzigjährige Se-
gelmacher im Stillen Ozean mit dem Fuchsschwanz ei-
nen Mastsplitter aus dem After sägte und Feix während
dieser Notoperation das gelehrte Buch des Kapitäns
studierte (es war ein Reiseführer durch Diessen am
Ammersee) und dabei unaufhörlich dermaßen lachte,
daß der Segelmacher ein Jucken in die Hand bekam, wo-
bei die Säge abbrach, darüber der erschrockene Segel-
macher plötzlich tot war; da hatte sich Feix alle Sym-
pathien an Bord verscherzt. Niemand bemitleidete ihn
etwa, weil er fortan mit einem Splitter und einem Stück
Säge im After sich durchs Leben schlagen mußte.

Später trieb er sich in tropischen Ländern herum.
Jahre waren vergangen, seitdem er seine Mutter verlas-
sen hatte, und nie bekam diese ein Lebenszeichen von
ihm. Dennoch wartete sie vertrauend und tapfer auf sei-
ne Rückkehr und rühmte ihren Feix und seinen beson-
ders guten Charakter, bis Feix nach 5 Jahren plötzlich
überraschend heimkam; dann nicht mehr, im Gegenteil.

Was hatte er wohl alles erlebt? Er sprach nicht dar-
über. Was hatte er wohl seinen Angehörigen aus dem
Auslande mitgebracht? Er stellte es auf den Tisch: eine
große quadratische Pappschachtel und darin: ein Mos-
kito.

Seine Angehörigen lachten durchaus nicht. Das war
doch kein Witz.

»Es ist dressiert«, sagte Feix erklärend. Aber das
machte gar keinen Eindruck. Nur Paula riß den Mund
auf. Feix sprach etwas zu dem Moskito in einer fremden
Sprache, nicht Englisch. Sofort schoß das Insekt wie ein
Pfeil in Paulas Mund. Paula spie es hustend wieder aus.

Feix trocknete es mit Löschpapier. Dann gab es wieder
ausländische Befehle. Das Moskito fing an, scharf sum-
mend und in schönen Brezelkurven um die Lampe her-
um zu sausen. Frau Daddeldu schlug mit dem Besen
nach dem Tiere. Feix sperrte es vorsichtig wieder in die
Pappschachtel. Die Angehörigen lasen die Lampensplit-
ter vom Boden auf.

Feix wurde zu einem Pfarrer in die Stadt geschickt,
um vier Wochen lang Anfangsgründe zu studieren. Er
fuhr im D-Zug in der zweiten Klasse mit sechs sehr un-
terschiedlichen, aber durchwegs hochintelligenten Leu-
ten zusammen, die ihn unterwegs unruhig und unbehag-
lich anschielten. Weil bei dem was nicht stimmte. Es war
den Sechsen so, als habe sich über sie eine Gewitter-
wolke gelegt. Während der neu Hinzugekommene,
dieser dauernd und lächelnd die Lippen bewegende
Arbeitsmann mit seinem Köfferchen und der Riesen-
schachtel allein in Sonne gehüllt schien. Der erste Mit-
reisende nieste 42 mal, der zweite juckte sich, der dritte
blinzelte, der vierte suchte nach Ursachen, der fünfte
schlug um sich. Der sechste aber schlief; er war syphilis-
krank.

Feix saß, abgesehen von seinem ausländischen Mur-
meln, unbeweglich da. Und doch war er der Dirigie-
rende. Er arbeitete Hand in Hand mit seinem Moskito.
Wie ihn die Inder gelehrt. »Nimm Krankheit!« befahl er
dem Tier. »Übertrage sie!«

Der Zug lief ein. Hinter Feixen verließen auch die üb-
rigen Passagiere den Wagen, der Herr, der geschlafen hat-
te, verließ ihn geheilt, die fünf andern syphiliskrank. – –

Schon am folgenden Sonntage erschien der Pfarrer aus
der Stadt bei Frau Daddeldu. Er war verbunden und to-

tal zerstochen. Hinter ihm stand Feix mit Köfferchen und Pappschachtel.

Frau Daddeldu hatte nie Feen mißbraucht. Zum ersten Male in ihrem Leben wanderte sie nach dem Hünengrab und kratzte dreimal mit dem Hufeisen unter die Distel. Die Fee erschien, vernahm die Klage und verschwand.

Als Feix anderen Morgens erwachte und den Pappkasten öffnete, um seinem Moskito guten Morgen zu wünschen, kam statt des Insektes ein Elefant heraus. Feix lachte mächtig. Da verwandelte sich der Elefant in ein schnappendes Krokodil. Feix hielt dem Krokodil mit der Linken das Maul zu, kitzelte es mit der Rechten und lachte. Nun entglitt ihm das Kroko und nahm ätherische Feengestalt an. Feix schnalzte mit der Zunge und lächelte.

»Lächle nicht!« sagte die Fee ernst. »Vom höchsten Glück bis zum tiefsten Unglück ist nur ein knapper Schritt. Gesundheit soll dereinst abgerechnet werden, denn sie ist geliehene Begabung, andern zu helfen.«

Feix schnalzte mit der Zunge.

»Schnalze nicht!« verwies ihn die Fee. »Es kann ein lästernder Töter gütig sein, und es kann ein schlafender Unterlasser ewige Mordschuld auf sich laden.«

Feix feixte. Die Fee wechselte ihre Beinstellung, dann rollte sie plötzlich ihre Augen feurig und sagte mit hohler Stimme: »Bebinissi kolabia ivustalinski!«

Feix feixte und schnalzte. »Du!« rief die Fee drohend. »Du weißt nicht, wer ich bin.«

»Doch« – erwiderte Feix – »ein rechter Nervosipopel!« Die Fee verschwand.

Von allen aufgegeben und gemieden, begann Feix nun

einen liederlichen Lebenswandel. Sein Stammlokal wur-
de das Café Nashorn, wo Dirnen verkehrten.

Frau Daddeldu kratzte noch dreimal unter die Distel.
Die Fee zuckte nervös mit den Achseln und ver-
schwand. Aber heimlich verwandelte sie sich in eine Ko-
kotte.

Feix verguckte sich. Seine Mutter gab sonderbarer-
weise immer aufs Neue Geld heraus. Feix hielt die Ko-
kotte aus. Die Kokotte ward schwanger. Feix heiratete
sie trotz stärksten elterlichen Protestes. Das war sehr an-
ständig von ihm. Lepopisov Ren, so nannte sich die
Braut, stammte aus der Gegend von Rußland, bezog mit
Feixen ein bescheidenes Zimmer und darin ein Wochen-
bett. Feix pflegte sie, aufmerksam, ordentlich, beharr-
lich, treu, rührend. Es klingelte; Feix schnitt die Drähte
durch. Es klopfte; Feix rief ärgerlich: »Pst! pst! Sie
schläft.«

Drei Monate vergingen. Feix brachte seiner Frau Erd-
beeren, Schokolade oder die neueste Art von Bouillon-
würfeln ans Bett, zog sich schon im Korridor die Stiefel
aus, küßte – um nichts zu quetschen – bloß noch die
Haare.

Wieder drei Monate vergingen. Feix verließ die Woh-
nung nimmer, nachdem er noch einmal eiligst Windeln
und Bleisoldaten eingekauft hatte. Er schlief nimmer,
sondern horchte vor der Türe. Er aß kaum noch. Er
wurde vom Briefträger wegen Mißhandlung verklagt. Er
schrie die Amme an, weil sie polterig hustete. Er zuckte,
blinzelte, er suchte nach dem Moskito, welches abhan-
den gekommen war, er raste, schrie (aber stets in Kissen
hinein, damit Lepopisov Ren nichts vernähme). Dann
wieder ließ er sich stundenlang von der Wöchnerin er-

zählen, wie sie sich befinde, ob es sich wie ein Junge an-
fühlte. Und wenn sie »Ja« sagte, so freute er sich rein
närrisch. Bis eine Fliege summte, oder ein Tablett um-
kippte. Dann fuhr er aus der Haut.

Der Tag kam heran. Der Arzt ließ auf sich warten.
Feix sprang von einem Bein aufs andere, unterdrückte.
Die Hebamme ließ auf sich warten. Feix kroch Wände
empor. Das und mehr wiederholte sich acht Tage lang,
ohne das ersehnte Resultat. Der Termin war längst vor-
über.

Vierzehn Tage vergingen. Lepopisov Ren nahm im-
mer noch zu. Arzt und Hebamme kamen umsonst. Feix
raste oder weinte.

Ein Monat verging. Lepopisov Ren nahm immer noch
zu. Sie lag schon in zwei Betten; nun ließ Feix anbauen.
Arzt und Hebamme lachten in sich hinein. Feix stach
nach beiden. Zwei Monate vergingen. Arzt und Heb-
amme blieben aus, sandten aber ihre Telephonnummern.

Der dritte Monat war halb vorbei. Dreiviertel der
Stube war von der Wöchnerin ausgefüllt. Feix grübelte
abmagernd darüber nach, was an der Verzögerung
schuld sei. Lepopisov Ren meinte: Die verbrauchte Zim-
merluft.

Also mußte sie ins Freie. Die Türöffnung maß 98 : 200,
das Fenster nur 90 : 180. Feix brach eigenhändig die
Frontwand des Zimmers nieder.

Es war ein sonniger Julitag. Lepopisov Ren hatte Aus-
gang. Feix sah ihr außer sich vor Freude nach.

Sie glitt hinaus, halb schwankend, halb schwebend.
Draußen legte sie sich auf die Seite, – Feix war fieberhaft
gespannt – drehte sich kugelartig weiter herum, bis ihr
Bauch zu oberst kam, und auf einmal und langsam stieg

sie. Stieg ruhig und majestätisch höher und höher, him-
melwärts. Feix verhatterte sich in eine Rouleauschnur.
Und sie stieg stetig. Plötzlich fing Feix an, wie rasend zu
hupfen, aber es war schon zu spät, er erreichte nichts
mehr. Sie stieg höher, feierlich, stieg wie ein Luftballon.
Ohne Gondel. Aber oben, im Zenith des Ballons, auf
dem Nabel, saß deutlich, unbeweglich, ernst und blaß
ein Moskito.

Vom Baumzapf

Magdalissimus Baumzapf ging zu seinem Onkel.
  Magdalissimus hatten seine Eltern ihn taufen lassen,
damit er etwas Apartes, Originelles werden möchte.
Denn sein Vater war zeitlebens in langen Haaren und
Sammetjackett umhergewandelt. Da sich der Alte zum
Sterben streckte, hatte er ohne Zweifel keine Ahnung
von dem berühmten Ausspruch Lord Byrons, daß zwei
Rosse keine Violine nageln. Denn nunmehr, das heißt
28 Jahre nach des Vaters Tode und 29 Jahre nach seiner
eigenen Taufe trug Magdalissimus außer diesem Namen,
einer Stinkwut und zwei dicken Foliobänden illustrier-
ter Bechstein-Märchen nichts weiter Wesentliches zu
seinem Onkel.
  Er haßte seinen Onkel. Der Onkel liebte ihn. Der On-
kel lieh kein Geld her. Magdalissimus schenkte immer
wieder Bücher hin. Der Onkel sammelte leidenschaft-
lich, u. a. Bücher. Magdalissimus borgte leidenschaftlich,
aber unleugbar war der Onkel ein außerordentlicher
Geizhals. Seitdem er z. B. einmal als Gast bei einem

Diner Schnepfendreck gespeist hatte, wünschte er nichts sehnlicher, als eine Schnepfe zu sein.

Doch billiger Weise hat gerade diese übelste Wurzel, Geiz, meist eine oder mehrere sonderliche Tugenden in Begleitschaft. Und allein die Freude, das Verständnis und die Sorgfalt, womit der Onkel Bücher sammelte, Bücher stapelte, hätten genügen müssen, um im Busen seines Neffen einen ganz raffinierten Mord- und Racheplan zu ersticken. Rache, weil der Onkel kein Geld gab; Mord, weil er viel besaß.

Mittelst anderweitiger Geldanleihen, zäher Energie und Schwindeleien konsultierte Magdalissimus Architekten, Notare, Literarhistoriker, besuchte er Antiquariate und Buchbinder. Und nach zwei Jahren feindseliger Zurückgezogenheit wußte er allerlei Bedeutsames, z. B. wieviel Gewicht ein Balken trägt.

Da ging er zum erstenmal wieder zu seinem Onkel, bat um Verzeihung und verehrte ihm zur Versöhnung die Memoiren Casanovas, die sehr seltene Originalausgabe, vor d. franz., 12 Bände, in Bronze gebunden.

Der Onkel umarmte ihn, weinte, blieb – der neunundsechzigjährige Mann! – seines Neffen wegen bis 2 Uhr morgens wach und sein Bestes erzählend und begleitete sogar noch den jungen Mann vier Meilen weit bis an dessen Wohnung. Denn Geizige sind unermüdlich in ihrer Dankbarkeit. Sie leben sehr lange.

In der Folge kam Magdalissimus oft, später täglich; jedesmal brachte er Bücher für den Onkel mit. Schöne alte Bücher, interessante Bücher, dicke Bücher, Folianten. Vielbändige Werke, Brockhaus, Meyers Lexikon, Große Ausgabe; den ganzen Luther, Europäische Annalen. Erbauliche Werke. Eine umfangreiche Bibelsammlung auf

einmal und dann nach und nach ixerlei, wahllos oder
vielmehr encyklopädisch. Auch anfechtbare Sachen, wie
Karl Mays Schriften, alle Sammelbände Simplicissimus
und dergl. All das neu und solid gebunden. In Holz ge-
bunden mit Messingbeschlägen. In Lederdeckeln mit
Bleieinlage. In sammetüberzogenes Eisen gebunden. In
Nickel; in Kupfer.

Magdalissimus Baumzapfens Mutter starb am Magen-
krebs und hinterließ, was aus zwölfjährigem Mittags-
tisch herauszuschlagen war. Der Onkel weinte, küßte,
tröstete, dichtete einen Nekrolog, zeichnete die Verbli-
chene aus dem Gedächtnis, wanderte jeden Sonntag
eigenhändig nach dem Friedhof, um das Grab zu be-
gießen, und schenkte die Jugendbriefe der Toten hin.
Schenkte!

Magdalissimus wendete die halbe Erbschaft daran,
um sich mit wertvollen Reisebeschreibungen und sämt-
lichen Jahrgängen der »Times« zu revanchieren.

Er redete auf seinen Onkel ein: Hier eine kostbare un-
ersetzliche Bibliothek in dauernder Feuersgefahr. Dem-
gegenüber nichtswürdig hohe Versicherungsgebühren.
Und dahinter fast lächerliche, nein trügerische Ersatz-
ansprüche. Der Onkel verließ nicht mehr seine Woh-
nung.

Magdalissimus kam und schenkte. Er wog seine
Geschenke zuvor, ideell wie materiell. Sein zweijähriges
Studium hatte ihm eine gewisse physikalische und ma-
thematische Gewandtheit verliehen, und eine verständ-
liche Vorsicht gab ihm den Vorsatz ein, die letzten fünf
Zentner nicht mehr persönlich zum Onkel zu schaffen,
sondern sie lieber eingeschrieben per Post aus Influenza
zu senden. In seinen Gedanken galt ihm dabei ein zer-

quetschter Paketträger für ein schrecklich betrübliches, aber unumgängliches Opfer.

Onkels Bewegungsradius verkleinerte sich. Bücher drängten sich an Bücher, übereinander bis an die Decke. Und da sandte Magdalissimus das neue, verschließbare und feuersichere Bücherregal aus Stahl.

Onkels Zimmerwände knackten spukhaft. Es knackte in den Bohlen des Fußbodens. Onkel wurde unruhig. Er merkte schon lange was, aber nicht richtig was.

Jetzt wieder zurück zum Anfang der Erzählung. Magdalissimus Baumzapf ging zu seinem Onkel. Das letzte Mal.

Er schenkte zwei illustrierte Foliobände: Bechsteins Märchen, in vergoldeten Marmor gebunden. Onkels Stube betretend, ließ er die Bücher im Schreck fallen, weil er eine Senkung im Fußboden gewahrte; und das Fensterbrett war verbogen. Aber gleich hinterdrein erschreckt, hob er die Bücher hastig wieder auf, um den Fußboden wieder um ihr Gewicht zu erleichtern.

»Mach dirs leicht, guter Junge, und nimm Platz«, sagte der Onkel. Onkel hatte heute etwas zum Anbieten: Zigaretten, eine ganz besondere Sorte, zwei Stunden weit extra für den Neffen herbeigeholt. Der nickte nur, weil ihm der Atem noch nicht zurückgekehrt war.

»Mein Gott! Junge, du bist ja ganz blaß! Fehlt dir was?«

Magdalissimus wehrte verwirrt, suchte nach irgend – – Aber es klopfte, und ein halbes Dienstmädchen meldete, die erste Lieferung von Bollermann sei angelangt.

Vielleicht erhoffte Onkel eine neue bibliophile Dedikation Magdalissimi; er sagte: »Bitte, man soll sie hereinbringen.« Dabei griff er mit erstaunlicher Stärke und Behendigkeit sechs Bibeln aus einem Regal, als wollte er Platz für das Kommende schaffen. »Onkel«, rief Magdalissimus, sich erregt erhebend, »erwartest du etwa noch – –?«

»Bitte halte mal!« antwortete der Onkel und drückte ihm die sechs Bibeln so wuchtig in die Arme, daß der junge Baumzapf damit in den Sessel zurückfiel. Da klopfte es, ging die Türe auf, brachte ein bügelförmiger Mann die erste Lieferung von Bollermann herein: Zwei Zentner Kartoffeln. »Macht fünf Mark.«

Wo die Senkung im Fußboden war, knackte es. Der braune Fußbodenlack bekam das Muster windbestrichener See.

Magdalissimus wollte sich – – die Bibeln – – »Onkel!!« – – Kennacks – Prrracks – Tschsch-Tu – Tsch – Lipp-Wupp – Huihhh – (Fallen).

(Onkel bewohnte im vierstöckigen Geschäftshause eine preiswerte Mansardenwohnung.)

Bum – Kladdera – Bumms –. Mit den tausenden von Büchern mischten sich plötzlich Akten, Schreibmaschinen, junge Mädchen und Tintenfässer. – Nack Nack Nack – Nicks – Pracks – Drucks – Uhüiihh – Bum – Kladdera – Bumms –. Mit den Büchern, Mädchen, Akten, Tintenmaschinen und Schreibfässern vermengten sich plötzlich tausende von Korsetts – lila, weiß, rosa. Krrrr – Uiehks – schlitterteklitterte huihhh Bumms. Intimes Interieur. Ganz flüchtig. Ein Arzt schrie auf. Die Geburt eines Zwillings war abgebrochen. Knacks – Huih – Bumms – Bumms – –. Stille – –.

Magdalissimus war so verschüttet, daß sein Kopf eben noch herausragte. Zwei Stunden dauerten die Aufräumungsarbeiten bis zu seiner Befreiung, und gerade so lange lebte er noch. Aber während dieser Zeit sah er dauernd seinen Onkel beflügelt in den Wolken kreisen, einen Fünfmarkschein in der Hand schwenkend, und hörte ihn fröhlich zwitschern.

Das schlagende Wetter

Alle Welt kennt E. T. A. Hoffmanns Leben, schätzt seine Werke. Niemand weiß, daß zwei uneheliche Söhne des Dichters die Hamburger Bergakademie besuchten. Wer vermöchte heute anzugeben, wo das angeblich in einer italienischen Schublade gefundene Schriftstück des fragwürdigen Norwegers Tenkjörd geblieben ist? Ob jemand wagen wird, die folgende Darstellung zu widerlegen?

Bei allem Fleiß und größter Begabung fühlten die Brüder Reinhard und Wolfgang sich doch auf der Bergakademie nicht recht wohl. Von dem theoretischen Wust angewidert, verließen sie die Anstalt, um sich dem praktischen Teile ihres Berufes und innerhalb desselben wieder der phantastischen Seite zuzuwenden. Sie gingen aufs Bohren aus, wollten Kali, Wasser und alles Mögliche bohren.

Unbemittelt, nicht im Stande, sich ein Bohrwerk anzulegen, zogen sie zunächst mit zwei Wünschelruten und langen Handbohrern versehen durch Hamburg. Sie waren viel zu klug, zu weitblickend, um den Mut zu verlieren, als die Wünschelruten lange Zeit weder in Wolfgangs noch in Reinhards Händen reagieren wollten. Als aber, da die Brüder eines Tages gerade den Jungfernstieg an der Alster querten, beide Wünschelruten mit eins ausschlugen, setzten die Brüder auf der Stelle ihre Bohrer an und drehten fieberhaft, ohne sich um die Einsprüche der Polizisten, Kutscher und anderer Verkehrs- und Geistesgestörter zu kümmern. Nachdem sie die erste Gasleitung unterm Asphalt zerstört hatten, gelang es, die Brüder zu überwältigen und ins Gefängnis zu bringen. Wo sie zwei Jahre verbüßten.

Ihre Entlassung fiel zeitlich gerade in eine ebenso Aufsehen erregende wie nützliche Reklameveranstaltung, in die sogenannte »Hamburger Höflichkeitswoche«, auf die eine dortige Kaffeefirma nach dem späteren Beispiele eines Berliner Verlages verfallen war. Acht Tage lang durchstreiften nämlich Angestellte jener Firma unauffällig beobachtend die Straßen und Plätze, und wenn sie auf besonders höfliche öffentliche Handlungen oder Gespräche stießen, so traten sie auf den Höflichsten unter den Höflichen zu und sagten, ihm einen kuvertierten Tausendmarkschein überreichend: »Da, mein Junge, nimm das Geld und merke Dir: Hoppenstiels Kaffee ist der beste!« In jener Woche war allenthalben in Hamburg zu beobachten, wie die Leute auf einmal sich an Höflichkeit zu überbieten suchten.

Damals also verließen die beiden Hoffmanns die Strafanstalt und bestiegen, obwohl sie keinen Pfennig Geld besaßen, teils dreist, teils ahnungslos eine Straßenbahn. Eine Strecke weit wußten sie sich durch geschickten Platzwechsel dem Kondukteur zu entziehen. Als dieser sie aber schließlich doch mit der anständigen Frage stellte: »Belieben die Herren vielleicht ein Billet zu erwerben?« zog Reinhard seinen Entlassungsschein hervor, tat sehr erschrocken und rief mit geheucheltem

Bedauern: »Ach, verflucht nochmal, wie fatal! Ich dachte, das sei ein Tausendmarkschein, und nun habe ich kein Geld bei mir.«

Unverzüglich erhob sich da der nächste Fahrgast und sagte: »Mm-hh-tp ist mein Name; dürfte ich Ihnen vielleicht mit einem Tausendmarkschein unter die Arme greifen?«

Wolfgang Hoffmann überkam etwas wie Ahnung von verwandelter Menschheit. »Sie wollen uns borgen?« sagte er und wurde rot, weil er unwillkürlich den Schein schon ergriffen hatte.

»Borgen?« erwiderte der Fremde errötend. »Ich bin sehr beschämt, daß die voreilige Ausdrucksweise meiner ergebensten Absicht eine Mißdeutung –«

»So sehr es mir zur Ehre gereichen würde«, fiel der Schaffner ein, »dem Herrn Reichsgrafen einen Tausender zu wechseln, so fehlt es mir doch leider –«

»Vergeben Sie mir«, stammelte emporschnellend ein anderer Fahrgast, »wenn ich so frei bin, die Kleinigkeit des Fahrpreises in stimmender Münze –«

Dieses Höflichkeitsgeflecht wurde quer durchschnitten, indem die Brüder Hoffmann plötzlich mit dem Tausendmarkschein das Weite suchten.

Über der Frage, wie der geschenkte Raub zu teilen sei, gerieten Wolfgang und Reinhard in Streit. Weil sie an Mut, Wut und Stärke einander nichts nachgaben, so teilten sie letztlich das Geld und ihre Brüderlichkeit durch 2 und gingen feindselig auseinander. Reinhard verscholl. Denn niemand wußte darum, daß er sich und seine 500 Mark bis China durchgebracht hatte. Wolfgang aber pachtete für sein Geld eine städtische Bedürfnisanstalt an der Alster.

Vier Zellen hatte dieses primitive Etablissement. Davon florierten drei sehr ersprießlich zum Ärger des Pächters, während die vierte zum Ärger des Publikums dauernd verschlossen blieb. Sie sei von einem Chronischen besetzt, erklärte Wolfgang auf Befragen. In Wirklichkeit benutzte er jede freie Minute zwischen Aufschließen und Adieu-Sagen, beziehungsweise Einkassieren, um in jener geheimnisvollen Zelle emsig Bohrversuche anzustellen.

Bald entdeckte er zu seiner Freude, daß er auf eine Wasserader gestoßen war. Gleichzeitig versagte in den Nebenstellen die Wasserspülung, aber Wolfgang beachtete das nicht weiter, sondern gab dem neuentdeckten Strahle eine Rohrbettung, die er zunächst verschloß, um sie später einmal wirtschaftlich und pekuniär auszubeuten. Inzwischen entzog er die zweite Zelle der öffentlichen Nutznießung und bohrte dort weiter. Mit seiner ingeniösen Begabung und mit dem reichlichen Gewinn, den die beiden anderen Zellen noch abwarfen, konnte er seine Bohrwerkzeuge aufs Trefflichste vervollkommnen.

Abermals ward er fündig. Petroleum. Rohrleitung zugestopft. Ausnützung auf später verschoben.

Während das Publikum vor der vierten, noch einzig aussichtsvollen Zelle in langer wartender Schlange anstand, bohrte Wolfgang in der dritten. Und er wurde dort – wenigstens moralisch – der Entdecker einer heißen Mineralquelle. Nicht juridisch, weil, als ihn seine Bedürfnisanstaltspflicht im entscheidenden Moment abrief, ihm zwei andere, harmlose Augen zeitlich zuvorkamen. Übrigens hatte Wolfgang nahezu das gleiche Interesse daran, diese heiße Quelle und die Kenntnis davon wieder zu verschütten, wie jener harmlose Senator, der in so mysteriöser Weise hinterrücks angebrüht worden war.

Aber, wie das so geht, etwas sickerte doch durch. Die Anstalt blieb – öffentlich hieß es wegen Reparatur – vier Wochen lang geschlossen.

Wolfgang nutzte diese Zeit aus und bohrte und bohrte in der vierten Zelle. Bohrte und nahm immer längere Bohrstangen, verlängerte diese, fügte einen Ansatz nach dem anderen an die Verlängerungen, bohrte Tag und Nacht. War sich, nach dem Maße der Schnelligkeit, womit er tiefer drang, jederzeit darüber klar, welches Gestein oder welche Erdschicht er gerade durchbohrte. Bohrte unermüdlich, zuversichtlich, denn er wußte, daß das von ihm und seinem Bruder gemeinsam erfundene Material des Bohrers auch das härteste Gestein, ja, selbst Stahl überwinden würde.

Dennoch stieß er eines Tages nicht nur auf Widerstand, sondern sogar auf Gegendruck. Er erbleichte für einen Moment. Dann hatte er's.

»Mein Bruder! – das Luder!« rief er aus, ohne etwa in dieser haßerfüllten Stunde reimen zu wollen; er riß den Bohrer heraus und näherte ein Fernrohr und sein Auge der Öffnung.

Wahrhaftig! Sein Bruder! Sein Bruder hatte von einer Gegenseite der Erdkugel aus ebenfalls gebohrt, und die beiden Richtungen begegneten sich zufällig in ein und derselben Linie.

Deutlich erkannte Wolfgang durch den etwa fünf Zentimeter breiten Bohrgang das giftige blutunterlaufene Auge des Bruders.

»Schwein!« schrie er berstend vor Wut in die Öffnung hinein.

»Rindsvieh!« kam es als Antwort zurück.

Einen Tag lang beschimpften die Brüder sich wechselweise, dann versuchte jeder den anderen anzuspucken. Beide Spucken kamen niemals an. Dann versöhnten sich Wolfgang und Reinhard und riefen einander herzliche Grüße, Geburtstagswünsche und Neujahrsworte zu. Darauf kamen sie auf sachliche, demzufolge auf geschäftliche Gespräche. Dann rohrpusteten sie sich gegenseitig Schmuggelwaren zu: Opium gegen Bayerische Malzbonbons. Schließlich tauschten sie politische und börsianische Berichterstattungen aus und wurden – der eine in China, der andere in Hamburg – innerhalb von fünf Tagen als Propheten so reich und angesehen, daß jeder von ihnen den anderen, also den Mitwisser des Bohrlochgeheimnisses, aus der Welt wünschte, um sich dann unbesorgt zur Ruhe setzen zu können.

»Hallo!« Beide Brüder riefen sich in demselben Moment den verabredeten Anruf zu. Beide Brüder setzten im nächsten Moment eine Pistole an die Öffnung und schossen los; legten sodann ein Auge an, um die Wirkung ihres Schusses zu genießen.

Im Erdinnern platzten die beiden losgefeuerten, mit Aufschlagzündern versehenen Geschosse aufeinander, an einer Stelle, wo sich Gase angesammelt hatten. Das schlagende Wetter fand nur zwei schmale, etwa fünf Zentimeter breite Ausgänge, die es mit Stichflammenkraft benützte.

In einem chinesischen Tempel und in einer Hamburger Bedürfnisanstalt wurde gleichzeitig je ein verkohlter Nachkomme E. T. A. Hoffmanns gefunden.

Vom Tabarz

Auf der Wiese zu Jekaterinburg geboren und wißbegierig war die kleine Fliege, aber unverschämt. Es war unvermeidlich wie ungewollt, daß sie durch ihre Neugierde mancherlei lernte. Damit prahlte sie dann, überhob sich ihren Gleichalterigen und war undankbar gegen abgegraste Lehrer. So besuchte sie oft ihre gebrechliche Großmutter, um sich alte Fliegensagen erzählen zu lassen: Von der Schlange Leim, die sich aus Kronleuchtern herunterläßt und Zucker ausschwitzt, um ihre Opfer anzulocken. Oder vom Ungeheuer Klatsche, das auf Menschen wohnt. Und mehr. Aber waren derartige Erzählungen zu Ende, dann warf die schnöde Fliege die Eier durcheinander, die Großmutter während des Sprechens gelegt hatte, und flog nach solchem oder ähnlichem Unfug ohne Abschied davon, um den Freunden und Bekannten Selbsterlebtes betreffs der Schlange Leim vorzulügen.

Die Mitfliegen staunten über Wuppys Kühnheit. Wuppy setzte sich in ihrer Gegenwart auf die Schiene, als das D-Zug heranbrauste und schwur hoch und teuer, sie würde nicht weichen, sondern das D-Zug anhalten. Die Lokomotive tutete.

»Es hat Angst! Es schreit!« triumphierte Wuppy. Der Zug bremste, hielt. »Na, seht ihrs?« Viele Menschen entströmten dem Zuge.

»Es gebiert lebendige Junge«, erklärte Wuppy wichtig und flog neugierig hin, um die Neugeborenen zu berüsseln.

Geriet in den Leib des D-Zuges und nahm dort auf ei-
nem Wurstbrot Platz, das auf dem Schoße eines D-Zug-
Embryos balancierte.

Die transsibirische Eisenbahn fuhr weiter; über
Tscheljabinsk und Irkutsk. Neben dem Wurstbrot lag
eine verkorkte, mit Kaffee gefüllte Flasche. An einem
rindenartigen Teil derselben klebten zwei süße Tropfen;
aber die Fliege wurde gestört durch trampelnde Finger
des Kornhändlers Pagel. Der versuchte ohne Pfropfen-
zieher zu öffnen. Weil das mißlang, stieß er den Korken
mittelst eines Bleistiftes hinein, danach tat er einen
Schluck. Die Fliege war, als sie die Rinde mit den süßen
Tropfen entschwinden sah, sofort hinterdrein geschos-
sen. Plötzlich ward sie von einem Strudel gepackt, ver-
lor die Besinnung, und als sie wieder zu sich kam,
schwamm sie. Wie damals im Tümpel hinter der Dot-
terblume. Sie wußte instinktiv und durch Großmut-
ter etwas von der Gefahr des Ertrinkens. War daher
überglücklich, ein Rindenland zu erblicken, erreich-
te, bestieg es und stürzte sich auf zwei süße Tropfen.
Dabei beschäftigten sich ihre Hinterbeine mit Ab-
trocknen.

Herr Pagel hatte die Flasche mit Papier zugestopft
und ins Gepäcknetz gelegt, nun las er, dann streckte er
sich zum Schlafen.

Nach fünf Reisetagen stieg in Strjetensk ein kleines
Kosakenmädchen ins Coupé. Der Kornhändler wollte
ein Gespräch anknüpfen, aber sechs Tage später, in
Chabarowsk, stieg das Mädchen schon wieder aus.

Fürchterliches hatte die Fliege in diesen Fliegenjahren
erlebt: Erdbeben, Springtiden, Seestürme und gräßliche
Wasserhosen. Wuppy machte eine naturwissenschaftli-

che Beobachtung: Nach jeder Wasserhose war das gelbe
Tümpel um sie herum seichter.

Schon längst und wiederholt hatte die entsetzte Fliege
versucht, das Rindeneiland zu verlassen. Sie hatte sich
dabei sogar vorgenommen, ein neues, bescheideneres
Leben anzufangen. Aber überall, in gewissen, unter-
schiedlichen Distanzen fand sie eine gefrorene Luft-
schicht, die sich zwar durchsehen, aber nicht durchflie-
gen ließ. Wuppy vermeinte anfangs, sich verirrt zu ha-
ben, doch stellte sie fest, daß ihre Umgebung dieselbe
war und blieb.

Fünfzehn Werst vor Wladiwostok hielt der Zug auf
offener Strecke infolge Achsenbruches. Der Korn-
händler öffnete das Fenster, um nach der Ursache zu fra-
gen. Dann öffnete er die Flasche, um zu trinken; mußte
aber vorm trinken erst niesen. An diesem Fliegentage
fand Wuppy, der Luftströmung folgend, einen Ausweg
und war auf einmal auf einer Wiese, auf ihrer Wiese. Der
Gefahr entronnen blähte sie sich sofort übermütig auf.

Sonderbar: die Blumen hatten sich verändert. Wie lan-
ge mochte es wohl – – Es schien doch, als – –. Wuppy
kam aufs philosophische Nachdenken. »Ja!« – »Aha!« –
»Seltsam!« – »Aber selbstverständlich!« Aber wie lange
mocht es nur her sein? Wuppy suchte vergeblich nach
ihren Gespielen. Endlich entdeckte sie den alten Brum-
mer vom Kaninchenaas. Tobbold, oder wie er hieß, ein
unwissender Proletarier. Aber aus Neugierde sprach
Wuppy ihn an: »Na, Vater Tobbold, was machen denn
die alten Knochen?«

Der alte Brummer glotzte, ohne zu antworten. Offen-
bar war er vertrottelt, denn auch sein Äußeres war ver-
zerrt. Als aber Wuppy nun auf andere Fliegen stieß, die

alle keine Antwort gaben und alle auch äußerlich ent-
stellt waren, fragte sie sich: Sollte eine ganze Generation
Fliegheit vertrotteln können? Dann reflektierte sie wei-
ter: Ich, Wuppy, habe das Problem aufgerollt, ob eine
ganze Generation Fliegheit vertrotteln kann. Da meine
Mitfliegen diesem Gedankengang ersichtlich nicht zu
folgen vermögen, muß ich doch ein – ich darf aus genia-
ler Demut nicht aussprechen, was – sein.

Der große Wahn verstärkt die positiven Fähigkeiten.
Wuppy erblickte auf 20 Meter Entfernung eine ihr von
Jugend und Großmuttern her bekannte Gefahr: das
Laubfrosch. Wuppy begnügte sich nicht damit, ihr
Leben in Sicherheit zu bringen, sondern stellte eine In-
telligenzprobe an, indem sie in Überlaubfroschhupfhö-
he kreiste und durch provozierendes Lachen das Frosch
reizte. Es quackte wütend, schließlich kleinlaut. Wuppy
wurde in diesem superioren Moment mordsmäßig
durch eine Schwalbe erschreckt, die in Rüsselbreite an
ihr vorbeisauste. Wuppy flüchtete. Die Schwalbe folgte.
Wuppy setzte sich auf einen Ast. Die Schwalbe auch.
Wuppys Herz klopfte zum Zerspringen. »Ich fresse Sie
nicht«, sagte die Schwalbe beruhigend, »ich bin schon
satt.«

Die Schwalbe suchte Unterhaltung. »Ich bin noch
garnicht lange aus Afrika zurück. Auf dem Meere – –
wissen Sie, was ein Meer ist?«

Wuppy schüttelte furchtsam den Kopf.

»Sie brauchen keine Angst zu haben«, versicherte die
rührende Schwalbe, »vielleicht interessiert es Sie, von
meinen Reiseerlebnissen zu hören.«

»Wenn Sie mir Ihr Ehrenwort geben, daß Sie mich
nicht fressen«, sagte Wuppy heiser vor Aufregung.

Die Schwalbe gabs. »Ich weiß sehr wohl, was ein Meer ist«, hub Wuppy dreist an, »und habe überhaupt in meinem tausendjährigen Leben mancherlei –«

»Tausendjährig?« fragte die Schwalbe.

»Ja, tausendjährig. Ich habe hier noch erlebt, daß die Luft stellenweise gefror; ich weiß nicht, ob Ihnen der Begriff Eiszeit geläufig ist.«

Die Schwalbe zog ein sehr einfältiges Gesicht. Wuppy wippte und fuhr dann, mehr wie zu sich selber, aber immerhin sehr laut und deutlich fort: »damals vor dem Seesturm, als ich das D-Zug zum Stehen brachte.«

»Bitte, erzählen Sie!« bat die Schwalbe.

»Nein, ich spreche nicht gern davon. Außerdem nehmen mich zur Zeit ernste philosophische Probleme so in Anspruch – – Sicherlich ist Ihnen doch wohl bekannt, wer ich bin –?«

»Nein«, sagte die Schwalbe.

»Nein?? Ach wie drollig!« Wuppy lächelte gezwungen. »Aber schon recht. Reden Sie ganz wie mit Ihresgleichen. Sie wollten Erlebtes berichten. Es ist mir durchaus nicht uninteressant, sowas in der primitiven Vorstellungsweise, in der naiven Sprache des Volkes zu vernehmen.«

»Ich wage es nicht«, sagte die Schwalbe.

»Papperlapapp! Schießen Sie mal los mit Ihrem Schwalbenlatein.«

Die Schwalbe begann eine lange Geschichte anspruchslos vorzutragen. Wuppy hatte drei Beine über drei andere geschlagen und sich ein wenig abgedreht, als hörte sie nur mit einem Ohr zu. Sie hörte aber überhaupt nicht zu, sondern erwog heimlich Fluchtpläne. Plötzlich brach die Schwalbe ihre Erzählung ab.

»Nun? Was weiter?« fragte Wuppy.

»Mich hungert«, sagte die Schwalbe verlegen und wurde rot. Im selben Moment schwirrte Wuppy, was sie schwirren konnte, in die Tiefe hinab, um sich ins Gras zu retten. Dort wurde sie vom Laubfrosch verschluckt. Die rote Schwalbe aber flog verärgert nach Afrika zurück, wo sie mit ihrer Farbe viele Büffel wild machte. –

Der aus Canada stammende Naturforscher, der den Laubfrosch zersägte, fand die Fliege und sagte: »Ei ei!« Er sagte es natürlich auf Englisch. »Egg egg!« Wuppy legte zufällig in diesem Augenblicke ihr erstes Ei. Sie war längst in dem Alter. Diese vermeintliche Reaktion ließ den Naturforscher selig erschauern. Die Entdeckung war gemacht, der theoretische Beweis einmal praktisch belegt. Es gab eine tierische Vernunft im menschlichen Sinne. Es gab eine Verständigungsmöglichkeit zwischen Insekt und Professor. In der Stärke und Sicherheit dieser Überzeugung gelangen dem Forscher weitere Fortschritte. Es bedurfte nur eines Rohres mit feinsten Membranen. Das hatte Professor Nipp aus Canada schon mitgebracht.

Die Fliegensprache zerfällt erstens in einen pantomimischen Teil. »Guten Morgen« heißt z.B. auf Fliegisch nicht »Good morning«. Rechtes Mittelbein dreißig Grad nach oben gekrümmt, bedeutet: »Wie spät ist es?« Mit unermüdlichem Fleiß lernte Professor Nipp Fliegisch. Der phonetische Teil dieser Sprache kennt keine Maskulina.

Nipp schloß einen Vertrag mit der Fliege. Sie verpflichtete sich, den Professor auf einer sechsmonatigen Vortragsreise durch Canada zu begleiten und während der Vorführungen durch promptes Antworten und folgsames Reagieren die demonstrative Beweisführung des Professors zu unterstützen. Dieser verpflichtete sich dagegen, ihr während der Reise angemessene Nahrung und Unterkunft zu bieten, und garantierte dafür, daß das Auftreten der Fliege im streng wissenschaftlichen Rahmen bliebe und keiner merkantilen Ausbeutung ausgesetzt sei. Wuppy unterzeichnete den Gegenkontrakt fliegisch mit mehreren plastischen Pünktchen.

Professor Nipp kabelte nach Canada, bestellte Säle, Reklame und Impresario. Er kaufte ein schönes Fliegenspind, setzte Harzer Käse, Erdbeeren und Pferdedung hinein und bat Wuppy, näherzutreten. Dann schiffte er sich und sie ein.

Es war eine herrliche Überfahrt. Die frohe, durch eine gewisse wissenschaftliche Weihe gehobene Stimmung des Professors machte ihn aufmerksam und gütig gegen alles und jedermann. Er kletterte mittags ins Matrosenlogis hinunter, spendierte Cognak und unterhielt sich mit den Seeleuten. Es waren merkwürdige Kerle, etwas einseitig, aber durchaus garnicht dumm, sondern sogar nachdenklich und amüsant. Wie sie bei großer Weltkenntnis oft noch am seltsamsten Aberglauben festhielten, wobei ihre schnurrige Phantasie die wunderlichsten Wege ging.

Der Leichtmatrose Fritzsche erzählte von dem unmenschlichen Riesen Tabarz, den er schon mehrmals auf See angetroffen hätte. Professor Nipp lächelte, aber auch die eignen Kameraden nahmen Fritzschen nicht ernst, weil er aus Friedrichroda stammte. Der Leichtmatrose stieg beleidigt an Deck. Nach einer halben Stunde rief er dringlich von oben herab: »Herr Professor! Herr Professor!«

»Was gibts?«

»Er ist da!«

»Wer ist da?«

»Der Riese. Wollen Sie ihn sehen?«

»Ei, ei«, sagte der Naturforscher und kletterte an Deck. Die andern folgten. Die See lag glatt. Nirgends im Rund war Land oder ein Schiff zu erblicken. Kein Wölkchen zeigte sich am blauen Himmel. Die Matrosen lachten.

»Na, wo steckt denn Ihr Herr Tabarz?« fragte Nipp freundlich eingestellt.

»Dort!« Fritzsche zeigte überall hin.

»Wo?«

»Sehen Sie den blauen Himmel?« fragte Fritzsche.

»Freilich, aber –«

»Nun der ganze blaue Himmel ist ein Stück mittelste Füllung von einem Knopf an der Hose von dem Riesen Tabarz.«

Der Professor wurde in diesem Augenblick vom Steward abgerufen.

In Nipps Kabine war eingebrochen worden. Fritzsche hatte, ohne böse Absicht, nur aus Neugierde, das Fliegenspind entdeckt. Und weil er den Käse und die Erdbeeren darin für die Hauptsache und die Fliege und den Pferdedung für die Nebensache ansah, so hatte er die Hauptsache aufgefressen und das Nebensächliche zerquetscht.

Die Walfische und die Fremde

Bereits eine Stunde später bildete sich ein Komitee. Man wollte den Schiffbrüchigen das Mitgefühl der Stadt übermitteln, sie als Fremdlinge gastlich bewirten beziehungsweise unterhalten und von der offiziellen Sympathie für Deutschland überzeugen. Man wollte auch bei dieser für den kommenden Sonntag gedachten Veranstaltung ihnen ordentlich imponieren.

Großzügig vorausgesetzt, daß sie sich bis dahin erholt haben, ferner auch nicht an den Folgen gestorben sein würden, sollte sich das Programm etwa so entwikkeln:

Warme Begrüßung am Genesungslager. (Schon schloß sich ein Senator nach dem andern zum Auswendiglernen ein.) – Rundfahrt durch Stadt und Musehenswürdigkeiten. (Lastautos stellte in hochherziger Weise die bedeutendste Speditionsfirma.) – Flüchtige nähere Besichtigungen. (Die städtische Bibliothek sicherte freien Eintritt, das Museum für internationale Laryngoskopie Stundung der Garderobegebühren zu.) – Der berühmte, aus gerösteten Bananenschalen hergestellte Wolkenkratzer sollte von oben bis unten mit deutschen Briefmarken beklebt werden. (Gestiftet von einem ungenannt bleiben wollenden, sechsfachen Multimillionär, der sie von Bittgesuchen abgesammelt hatte.) – Trauliches Beisammensein mit Kaffeekredenz und Kuchenbergen im Klubhaus der inneren Mission für Kammerjagdsport. – Wohltätigkeitskonzert. – Tanz der tausend vornehmsten Babys. – Dann vielleicht Feuerwerk im Germanischen Ratskeller, Böllerläuten, Glockenschüsse oder so. Die Entscheidung über den weiteren Verlauf

balancierte vorläufig noch auf einem Gewoge von Port-
wein und Beleidigungen.

Die Frau von dem Verwalter von der Schlauchhalle
von der Hafenstation von der Feuerwehr lernte lügen.
Während ihr Mann seit Stunden von Lokal zu Lokal eil-
te, um den wachthabenden Arzt zu suchen, erfuhr sie,
daß ihr Geld und ihr Ansehen wuchsen, je mehr sie den
neugierig Zuströmenden vorlog. Sie kam sich, nicht zu
Unrecht, vor, als habe sie selber Schiffbruch gelitten.
Anfangs wußte sie nur wenig. Man hatte die sieben be-
sinnungslosen Riesen in die Schlauchhalle getragen.
Man hatte ihnen die nassen Matrosenkleider ausgezogen
und dafür erst mal saubere Feuerwehruniformen ange-
zogen. Dann hatte man sie in Wolldecken gehüllt und
auf die elastischen Schläuche gebettet. Nun mußten sie
vor allen Dingen einmal schlafen, schlafen und noch-
mals schlafen. Keinesfalls durfte man sie stören. »Nein,
auch nicht einmal sehen!« – »Nein, danke, auch nicht für
Trinkgeld.«

Ergreifende Stunden verrannen. »Sagte ich's nicht?«,
der wachthabende Arzt wurde gefunden. Er sagte
gleich: »Vor allen Dingen: Ruhe, Ruhe und nochmals
Ruhe!« Dennoch setzte er sich sofort mit den Kollegen
vom Krankenhaus in Verbindung, die im Nu ungeteilter
Meinung waren. In der Hauptsache galt es, die
Geretteten zunächst einmal stundenlang unbehelligt zu
lassen.

Diese gründlich ausgeübte Passivität fand leider eine
jähe Unterbrechung durch Feueralarm. Im Schuppen
einer Spritfabrik hatte Stroh Stroh entzündet. Die
Deutschen schliefen auf den Spritzenschläuchen. Es
überstürzten sich viele Ansichten und Telephongesprä-

che, verpaßten sich oder hoben sich auf. Indessen hatte
einer der beiden Uhrzeiger noch keine Rundwanderung
vollenden können, als ein Chefarzt, mehrere Unterärzte,
viele Seitenärzte und zahllose medizinische Handwer-
ker sich in Rangordnung, lautlos, auf Strümpfen der Tür
der Schlauchhalle der Hafenstation der Feuerwehr nä-
herten. Leise wurde die Klinke herabgedrückt, laut
quietschten die Angeln. Und die Versammlung sah auf
den Schläuchen sieben sauber zusammengefaltete Woll-
decken. Und das Fenster stand offen.

Etwa zwei Seemeilen südlich vom Bananenkratzer
und zirka ebensoviel Knoten westlich vom Klubhaus
der inneren Mission für Kammerjagdsport schlängelt
sich zwischen freundlich bunten Delikateßgeschäften
und lustig belebten Wirtshäusern ein anspruchsloser
Weg im weiten Bogen um die städtische Bibliothek her-
um. Kurz vorm Germanischen Ratskeller schwenkten
die sieben Deutschen nach links ab. Das Geld in ihren
nassen Taschen hing wohlverschlossen im Trocken-
schrank der Hafenstation der Feuerwehr. Die Feuer-
wehrknöpfe mußten schlecht vergoldet sein; niemand
wollte sie als Zahlungsmittel anerkennen. Aber es war
schon erfreulich, mal wieder an Land zu sein, ohne ar-
beiten zu müssen, frei herumzubummeln und sich in der
Fremde heimisch zu fühlen. Hier fiel ein deutsches
Firmenschild auf. Dort war ein Feuer ausgebrochen;
und weil dort leere Hektoliterfässer herumstanden,
schöpften die Deutschen damit Wasser aus einem Kanal
und löschten das Feuer. Und dann kam plötzlich ein
hochanständiger, feiner Herr auf sie zu, wahrscheinlich
der Fabrikdirektor, ein echter, eleganter gentleman, und
schenkte ihnen ein volles Hektoliterfaß. Und weil kei-

ner von ihnen »danke« gesagt oder irgend was gesagt hatte, genierten sie sich und zogen sich mit dem Faß in einen dunklen Hofwinkel zurück. Bald setzten sie ihren Spaziergang fort.

Nicht etwa, daß sie stumpf und blind dahingeschossen wären. Nein, sie gingen einmal auf die andere Seite der Straße, um irgendworüber zu lachen, und dann waren sie wieder auf der einen Seite, um das Elterngrab zu pfeifen. Bis sie auf einmal hart hinfielen.

Weil sie einer vornehmen, jungen Dame ausweichen wollten, die mit zierlichen Schritten um die Ecke bog. »Wir tun Ihnen nichts. Wir sind Seeleute.« Ein zartes Stimmchen antwortete auf italienisch. Das kleine, blonde Persönchen verstand zwar nicht die deutsche Sprache, aber sie hatte sich verirrt. Und sie hätte so viel Vertrauen zu Seeleuten, und ihr Mütterchen vermißte sie gewiß schon, und ob sie sie nicht bis an ihr Häuschen begleiten wollten, sie fürchte sich sehr, überfallen zu werden, weil sie sehr viel Geld und Schmuck bei sich trüge und sei aus adliger Geburt, aber man sollte sie einfach mit ihrem Vornamen Darlingchen anreden, zumal sie Landsleute wären. Und sie trügen gewiß nicht so viel Schmuck bei sich, und sie würde schon dafür sorgen, daß sie daheim ein Schlückchen Wein zur Stärkung bekämen; aber viel Geld hätten Seeleute auch immer bei sich –

Die Matrosen nickten zu allem ja und waren total begeistert verdattert. Sechs von den sieben blickten immer verlegen weg, weil die so reden konnte, aber alles hatte Hand und Fuß, und weil das kurze Samtkleidchen so tief ausgeschnitten war. Der siebente beguckte sich immer derweilen heimlich aus dem Hintergrunde das fremde Mädchen ganz lange. Abwechselnd war jeder mal der hintere.

Langsam mußten sie einen Fuß vor den andern setzen, damit die lila Beinchen mit den trippelnden Goldkäferchenschuhchen nicht außer Atem kämen. Sprach sämtliche Sprachen; alle Länder hatte sie bereist. Sie kannte sogar die Burgstraße in Leipzig und den Gänsemarkt in Hamburg.

Das Häuschen hatte rotseidene Gardinchen. An dem großartigen schmiedeeisernen Treppengeländer hingen Girlanden. Oben waren alle Möbelchen aus Lack. Und neben dem schönen Ofen mit den vergoldeten Kacheln saß das Mütterchen, die war nicht so schön wie Darlingchen (eigentlich sah sie wie eine dicke Sau aus), aber sie machte allen Ulk mit, rauchte Pfeifchen, und Darlingchen nannte ihr Mütterchen nur auf französisch »Madamchen«. In der Ecke hockte ein Negerchen, das Zither spielte. Aber draußen schlich ein häßlicher – ein häßliches Halunkchen herum; Darlingchen rief ihm »Hälterchen« zu, da verschwand es. Und Darlingchen war wie ein ausgelassenes Kind. Sie neckte die Seebären, weil sie gar nicht wie richtige Deutsche tränken. Und trank ihnen selbst ein Literchen Rum vor. Sie konnte blitzschnell eine Reihe Knöpfchen aufknöpfen. Tausend urkomische Einfälle hatte sie. Auch ein Kunststück mit einem deutschen Tausendmarkschein fiel ihr ein. Aber da erinnerten sich die Matrosen an ihre nassen Kleider bei der Feuerwehr und sangen auf einmal die Lorelei.

Doch mit dem Negerchen und dem Hälterchen stimmte was nicht. Die tuschelten an der Tür so hinterlistig, so, als ob sie gegen Darlingchen was im Schilde führten. Deshalb erhoben sich die Deutschen ein wenig und indem hatten sie den Ofen und das Treppengeländer in der Hand.

Weil sie morgens völlig nackt auf dem Bürgersteig erwachten, blickten sie sehr erstaunt nach dem Häuschen auf. Aus dem Fensterchen rief ihnen Madamchen Schimpfwörtchen zu, und neben ihr stand Darlingchen und warf Ofenkachelchen, Glassplitter und Treppengeländerchen herab. Daraus schlossen sie, daß das Häuschen ein öffentliches Häuschen wäre, und machten sich beschämt auf, um ihre nassen Hosen von der Feuerwehr zurückzuerbitten.

Sie tanzten in hastigen Wendungen umeinander vorwärts, um durch Schnelligkeit der Bewegung ihre Blößen zu verdecken. Trotzdem wurden sie unverhofft verhaftet. Drei Wochen durch schliefen sie sich willig im Gefängnis aus. Danach trug man sie in schwere Ketten gefesselt in den Gerichtssaal und lehnte sie dort gegen die Wand, unter deren Fenstern die freie, ewige See brandet. Bei dem Nacktsein auf der Straße hatten sich die Seeleute etwas verkühlt. Deshalb niesten sie, als das Urteil verkündet wurde. Da zerplatzten ihre Ketten wie Zigarettenbanderolen, und die Wand stürzte ein.

Als sich die ungeheure Staubwolke langsam auf alle Bilderrahmen der Stadt gesetzt hatte, sah man fern draußen im wogenden Ozean sieben Walfische unter ruhigen, weit ausholenden Flossenschlägen entschwinden.

Reisebriefe eines Artisten (1927)

Im Park

Ein ganz kleines Reh stand am ganz kleinen Baum
Still und verklärt wie im Traum.
Das war des Nachts elf Uhr zwei.
Und dann kam ich um vier
Morgens wieder vorbei,
Und da träumte noch immer das Tier.
Nun schlich ich mich leise – ich atmete kaum –
Gegen den Wind an den Baum,
Und gab dem Reh einen ganz kleinen Stips.
Und da war es aus Gips.

Berlin

Da fährt die Hochbahn in ein Haus hinein
Und auf der andern Seite wieder raus.
Und blind und düster stemmt sich Haus an Haus.
Einmal – nicht lange – müßtest du hier sein.
Wo das aufregend gefährlich flutet und wimmelt
Und tutet und bimmelt
Am Kurfürstendamm und am Zoo.
Das Leben in Pelzen und Leder.
Es drängt einen so oder so
Leicht unter die Räder.

Sonst habe ich gut hier gefallen.
Man hat mir hohe Gagen angeboten.
Aber weißt du: jeder verkehrt hier mit allen,
Nur nicht mit stillen Menschen oder mit toten.
Ich bin so stolz darauf, dir einen Scheck zu überweisen.
Ja, ja, hier heißt es sich durchbeißen.
Das gibt mir mancherlei Lehre.
Heute ging mir beim Kofferflicken die Nagelschere
Entzwei. Not bricht Eisen. –

Straßenbahn 23 und 13

Was nur in Frankfurt sich begibt:
Die Trambahn hielt auf offner Strecke.
Sie sah am Wege eine *Schnecke*
Und sagte gähnend: »Steigen Sie ein, wenn es Ihnen
                beliebt.«
Die Schnecke wehrte: »Danke, mir *pressiert* es.«
Da gab die Bahn ein Abfahrtssignal und noch eins und
                ein drittes und viertes.
Und wirklich begann sie allmählich weiterzufahren,
Um noch vor Sonntag die nächste Station zu erreichen.
Dort lagen an dreihundert Leichen,
Lauter Leute, die über dem Warten verhungert waren.

Aneinander vorbei

Vom Speisewagen
Durchs Land getragen,
Siehst du Dörfer, Felder, Katz' und Küh'.
Angenommen, daß dir das Menü
Nichts kann sagen.

Irgendwo: Zwei Barfußmädchen winken.
Wissen selber nicht, warum sie's tun,
Lassen ihre arbeitsharten Hände
Für Momente ruhn.

Wissen nicht, daß deine Hände sinken,
Winken,
Grüßen
In den ganzen langen Zug hinein,
Ahnen nicht, daß du die Scholle sein
Möchtest unter ihren schmutz'gen Füßen.

Angelangt, ergibst du mittelgroß
Dich der Höflichkeit, dem Stande und dem Gelde.
Nachts im Bette träumst du hoffnungslos
Von den beiden Mädchen auf dem Felde.

Kühe

Wie in der ersten Frühe
Der Nebel feig
Sich dünne macht, stehn auf der Wiese Kühe,
Und eine davon klackst jenen erstaunlich viel grünen
Teig.

Als wie im Paradiese!
Warme Mastbäuche rauchen,
Rührende Rotzmäuler tauchen
In die Champagnerbläschen der Wiese.

Sie wandeln mit viehischer Majestät
Innerhalb ihrer Grenze,
Schieben das Restchen von Nervosität
In die Quaste ihrer Schwänze,

Und ihre Euter schwappeln und schlenkern
So hunds – glücklich gemein – –
Auch unter den Fürsten und ersten Künstlern und
                                    Denkern
Benehmen sich manche wie ein Schwein.

Berlin
(An den Kanälen)

Auf den Bänken
An den Kanälen
Sitzen die Menschen,
Die sich verquälen.

Sausende Lichter,
Tausend Gesichter
Blitzen vorbei: Berlin.
Übers Gewässer
Nebelt Benzin …
Drunten wär's besser.

Hinter der Brücke
Flog eine Mücke
Ins Nasenloch.
Loch meiner Nase,
Nasenloch, niese doch
In die stille Straße!

Auf dem Omnibus, im Dach
Rütteln meine Knochen,
Werden gute Worte wach,
Bleiben ungesprochen. – –

Ach, da fällt mir die alte Zeitungsfrau ein –
Vanblix oder Blax soll sie heißen –
Die hat ein so seltsames Schütteln am Bein,
Daß alle Hunde sie beißen. – –

An den Kanälen
Auf den dunklen Bänken
Sitzen die Menschen, die
Sich morgens ertränken.

Wirrsal

Denn immer wieder steigt von Zeit zu Zeit
Das Glück zu hoch und sackt das Leid zu tief.
Und dann: erwacht,
Was man gewaltsam totgemacht,
Oder was kraftlos dumpfe Unwahrscheinlichkeiten
                              schlief.

Und Kugeln müssen singen durch die Nacht;
Und nichts in ihrer Bahn soll leben bleiben.
Und was die Menschen sagen oder schreiben,
Soll offenkundig Lüge sein.
Und eine Zeitlang herrsche Nichts und Nein,
Und beuge sich der Vater vor dem Sohn.
Revolution!

Damit wir alle neu und weiter leiden,
Noch einige die wenigen beneiden,
Die dann so stark und unabhängig sind,
Daß sie zum Beispiel sich vor einem Kind
Ganz plötzlich – oder sich vor grünen Zweigen
Oder vor einem Esel – tief verneigen.

Schnee

Zwischen den Bahngeleisen
Vertränt sich morgenroter Schnee. – –
Artisten müssen reisen
Ins Gebirge und an die See,
Nach Leipzig – und immer wieder fort, fort.
Nicht aus Vergnügen und nicht zum Sport.
Manchmal tut's weh.

Der ich zu Hause bei meiner Frau
So gern noch wochenlang bliebe;
Mir schreibt eine schöne Dame:
»Komm zu uns nach Oberammergau.
Bei uns ist Christus und Liebe,
Und unser Schnee leuchtet himmelblau.« –

Aber Plakate und Zeitungsreklame
Befehlen mich leider nicht dort-,
Sondern anderswohin. Fort, fort.

Der Schnee ist schwarz und traurig
In der Stadt.
Wer da keine Unterkunft hat,
Den bedaure ich.

Der Schnee ist weiß, wo nicht Menschen sind.
Der Schnee ist weiß für jedes Kind.
Und im Frühling, wenn die Schneeglöckchen blühn,
Wird der Schnee wieder grün.

Beschnuppert im grauen Schnee ein Wauwau
Das Gelbe,
Reißt eine strenge Leine ihn fort. –
Mit mir in Oberhimmelblau
Wär's ungefähr dasselbe.

Überall

Überall ist Wunderland.
Überall ist Leben.
Bei meiner Tante im Strumpfenband
Wie irgendwo daneben.

Überall ist Dunkelheit.
Kinder werden Väter.
Fünf Minuten später

Stirbt sich was für einige Zeit.
Überall ist Ewigkeit.

Wenn du einen Schneck behauchst,
Schrumpft er ins Gehäuse.
Wenn du ihn in Kognak tauchst,
Sieht er weiße Mäuse.

Abschied von Paris

Herz, ich schreibe dies
In der letzten Stunde in Paris,
Aus der letzten Flasche echt Champagner
In dem Nègre de Toulouse.
Nicht so froh, wie ich zuvor aus mancher
Unsentimentalen Stunde sandte manchen Gruß.

Daß ich hier nicht länger durfte bleiben,
Läßt glückstraurig jetzt mich selber quälen.
Morgen aber werd' ich frech erzählen
Und deutschabenteuerlich viel übertreiben,

Wie von einer sternenweiten Ferne,
Wie Paris mir ist – ach nein, dann war –.
Denke dir nur: Jede siebente Laterne
Hier ist ein naives Pissoir.

Unsympathisch, unergründlich
Comme chez nous ist die Bourgeoisie,
Doch die simplen Leute von Pari

Und die Künstler und die bunten Fremden,
Pascin, Eiffelturm und der und das und die –
Morgen, Liebste, schildre ich das mündlich.
Und die Strümpfe und koketten Hemden.

Zwar nach einundzwanzig Bummeltagen
Ist noch nichts Erschöpfendes zu sagen
Über dies
Land Paris.
Auch was ich dir morgen angter nus
Glühend loben werde, prüfe du's.

Bums! Ein Glas zerschlug im Nègre de Toulouse.

Abschied von Pascin
16. Jan. 25

Je suis été à Paris,
Et c'était le premier fois.
Et j'ai vue au Jockey Kiki,
Belle en couleur et froid
Et amusante et coquette,
Et froid – je disais –
Froid comme mon Bett;
Parceque je ne parle pas français.

Je suis été dans la Vache Enragée,
En Louvre et allwo pour les étrangers
Là bas et ici. –
Et Kiki et Paris

Ils ont la même melodie et couleur.
Paris, et où est ton coeur?
Dans un coin, quel je ne connais,
Parceque je ne parle pas français.

Je suis été chez Pascin.
Et j'ai trouvé des amis;
Et un des plus bons s'appelle vin. –
J'aime Paris.

Pour vous, Pascin, merci bien!
Et je voudrais vous très plus dire, mais – mais
Je parle trop peu français.

Je suis beaucoup travaillé. –
Arriver – partir – rester et aller –
J'aime la monde sur la mars et jusque dieu.

Et dieu est comme merde très près de moi.
Aujourd'hui j'ai froid. –
Pascin, lebe wohl und adieu!
Und lieben auch Sie mich ein klein petit peu.

Chartres

Kirchenfenster, Kirchenfenster,
Kirchenfenster, Kirchenfenst…
Hoch im Dachgebälk der Kathedrale
Sahen meine Freunde viel Gespenster.
Ich sah nur ein einziges, das internationale,
Ewige, gottfröhliche Gespenst,

Das nicht nur in Kathedralen
Sondern auch im Zöster und im Faust,
Auch in Püffen und in Apfelsinenschalen
Oder sonstens wo für den und jenen haust.
Der Professor, welcher im Beruf
Und bei seinen Leuten
An sehr erster, prominenter Spitze steht,
Wußte, wer das alles und wie und warum er's schuf:
Und er bat die Freunde, ihn zu bitten, uns zu deuten.
Und dann konnte er geflüssig, klar und sinnig
Steine, Formen, Farben lesen.
Und doch vor den schönen Kirchenfenstern bin ich
Damals glücklich ganz fernanderswo gewesen.
Doch dem Kirchendiener hab' ich lange
Zugeschaut – das hat mich zweitens intressiert –.
Wie der Kerl mit einer Eisenstange
Und mit einem Holzpantoffel raffiniert
Eine Maus beschlich.
Ach, die hatte sich
Scheu verirrt. – Nun mag man nicht vergessen,
Daß oft Mäuse ohne Ehrfurcht oder Scham:
Bibeln, Samt und Christusnasen fressen.
Doch ich freute mich
Ungeheuerlich,
Als die Kirchenmaus dem Kirchendiener doch entkam.

Ich habe dich so lieb

Ich habe dich so lieb!
Ich würde dir ohne Bedenken
Eine Kachel aus meinem Ofen
Schenken.

Ich habe dir nichts getan.
Nun ist mir traurig zu Mut.
An den Hängen der Eisenbahn
Leuchtet der Ginster so gut.

Vorbei – verjährt –
Doch nimmer vergessen.
Ich reise.
Alles, was lange währt,
Ist leise.

Die Zeit entstellt
Alle Lebewesen.
Ein Hund bellt.
Er kann nicht lesen.
Er kann nicht schreiben.
Wir können nicht bleiben.

Ich lache.
Die Löcher sind die Hauptsache
An einem Sieb.

Ich habe dich so lieb.

Alte Winkelmauer

Alte Mauer, die ich oft benässe,
Weil's dort dunkel ist.
Himmlisches Gefunkel ist
In deiner Blässe.

Pilz und Feuchtigkeiten
Und der Wetterschliff der Zeiten
Gaben deiner Haut
Wogende Gesichter,
Die nur ein Dichter
Oder ein Künstler
Oder Nureiner schaut.

»Können wir uns wehren?«
Fragt's aus dir mild.
Ach, kein Buch, kein Bild
Wird mich so belehren.

Was ich an dir schaute,
Etwas davon blieb
Immer. Nie vertraute
Mauer, dich hab' ich lieb.

Weil du gar nicht predigst.
Weil du nichts erledigst.
Weil du gar nicht willst sein.
Weil mir deine Flecken
Ahnungen erwecken.
Du, eines Schattens Schein.

Nichts davon wissen
Die, die sonst hier pissen,
Doch mir winkt es: Komm!
Seit ich dich gefunden,
Macht mich für Sekunden
Meine Notdurft an dir fromm.

Ritter Sockenburg

Wie du zärtlich deine Wäsche in den Wind
Hängst, liebes Kind
Vis à vis,
Diesen Anblick zu genießen,
Geh ich, welken Efeu zu begießen.
Aber mich bemerkst du nie.

Deine vogelfernen, wundergroßen
Kinderaugen, ach erkennen sie
Meiner Sehnsucht süße Phantasie,
Jetzt ein Wind zu sein in deinen Hosen –?

Kein Gesang, kein Pfeifen kann dich locken.
Und die Sehnsucht läßt mir keine Ruh.

Ha! Ich hänge Wäsche auf, wie du!
Was ich finde. Socken, Herrensocken;
Alles andre hat die Waschanstalt.
Socken, hohle Junggesellenfüße
Wedeln dir im Winde wunde Grüße.
Es ist kalt auf dem Balkon, sehr kalt.

Und die Mädchenhöschen wurden trocken,
Mit dem Winter kam die Faschingszeit.
Aber drüben, am Balkon, verschneit,
Eisverhärtet, hingen hundert Socken.

Ihr Besitzer lebte fern im Norden
Und war homosexuell geworden.

Der wilde Mann von Feldafing

Er schien zum Kriegsmann geboren.
Er trug nach allen Seiten hin Bart.
Selbst seine Beine waren behaart
Und steckten in Stiefeln mit Sporen.
Und trutzig über der Schulter hing
Ihm ein gewichtig Gewehr.
Mit gerunzelter Stirne ging
Er auf dem Bahnhof von Feldafing
Hin und her.
Und stehend, stolz und schulterbreit
Fuhr er dann zwei Stationen weit.
Die Kinder bestaunten ihn sehr.
Doch ehe noch ein Tag verging,
Schritt er schon wieder durch Feldafing

Mit einem Rucksack schwer.
Doch weil es so stark regnete,
Daß niemand ihm begegnete,
Ärgerte er sich sehr.
Als er durch seinen Garten schritt,
Sang dort ein Vögelchen Kiwitt,
Da griff er zum Gewehr:
Puff!!!

Ein kurzes Röchelchen –
Ein kleines Löchelchen –
Dann eine Katze – und etwas später:
Ein kleines Knöchelchen
Und eine Feder. –

Der wilde Mann von Feldafing.

Seepferdchen

Als ich noch ein Seepferdchen war,
Im vorigen Leben,
Wie war das wonnig, wunderbar
Unter Wasser zu schweben.
In den träumenden Fluten
Wogte, wie Güte, das Haar
Der zierlichsten aller Seestuten,
Die meine Geliebte war.
Wir senkten uns still oder stiegen,
Tanzten harmonisch um einand,
Ohne Arm, ohne Bein, ohne Hand,
Wie Wolken sich in Wolken wiegen.

Sie spielte manchmal graziöses Entfliehn,
Auf daß ich ihr folge, sie hasche,
Und legte mir einmal im Ansichziehn
Eierchen in die Tasche.
Sie blickte traurig und stellte sich froh,
Schnappte nach einem Wasserfloh,
Und ringelte sich
An einem Stengelchen fest und sprach so:
Ich liebe dich!
Du wieherst nicht, du äpfelst nicht,
Du trägst ein farbloses Panzerkleid
Und hast ein bekümmertes altes Gesicht,
Als wüßtest du um kommendes Leid.
Seestütchen! Schnörkelchen! Ringelnaß!
Wann war wohl das?
Und wer bedauert wohl später meine restlichen
Knochen?
Es ist beinahe so, daß ich weine –
Lollo hat das vertrocknete, kleine
Schmerzverkrümmte Seepferd zerbrochen.

Tierschutz-Worte

Seien Sie nett zu den Pferden!
Die Freiheit ist so ein köstliches Gut.
Wie weh Gefangenschaft tut,
Merken wir erst, wenn wir eingesperrt werden.

Seien Sie lieb zu den Hunden!
Auch zu den scheinbar bösesten.

Kein Mensch kann in Ihren schlimmen Stunden
Sie so, wie ein Hund es kann, trösten.

Gehen Sie bei der Wanze
Aufs Ganze.
Doch lassen Sie krabbeln, bohren und graben
Getier, das Ihnen gar nichts entstellt.

Alle Tiere haben
Augen aus einer uns unbekannten Welt.

Kochen Sie die Forelle nicht
Vom Kaltwasser an lebendig!

Auch jeder Gegenstand hat sein Gesicht,
Außen wie inwendig.
Und nichts bleibt vergessen.

Die Ewigkeit, die Unendlichkeit
Hat noch kein Mensch ausgemessen,
Aber der Weg dorthin ist nicht weit.

Suchen Sie jedwede Kreatur
In ihr selbst zu begreifen.
Jedes Tier gehorcht seinem Herrn.

Sich selber nur
Dürfen Sie – und sollen es gern –
Grausam dressieren (die Eier schleifen).

Maler und Tierfreund

Ich hatte eine Landschaft in Öl gemalt,
Und sie gefiel mir sehr:
Ein blauer Himmel, aus dem die Sonne wie Wonne
                              strahlt,
Und darunter weites, ruhiges, grünes Meer.
»Einsame Sehnsucht.«

Danach fuhr ich irgendwo hin,
Um einen kleinen Affen zu erwerben,
Weil ich ein Tierfreund bin.
Aber was einem die Tiere nicht alles verderben.

Wieder zu Haus, stieß ich aus einen Schrei,
Denn mein Bild war verhext.
Erstens hatte mein Papagei
Etwas Groteskes ins Meer gekleckst
Und das geradezu künstlerisch kühn.
Aber das Wasser selber war abgeleckt
Von meinem Wolfshund. Der lag vom Schweinfurter
                              Grün
Vergiftet am Boden, verreckt.

In den Himmel hatte sich eine Fliege geklebt,
Und zwar mit dem Rücken.
Die strampelte, wie man, wenn man Großes erlebt,
Mit den Beinen strampelt vor lauter Entzücken.

Und offenbar nicht minder beglückt
In ihrer Nähe
Hing auch mein Laubfrosch ans Bild angedrückt
Und tat so, als ob er die Fliege nicht sähe.

Da wollte mein Affe mit lautem Geschrei – – –
Doch ich band ihn fest. Und lächelte dann.
Wie gut, daß man bei der Ölmalerei
Alles noch übermalen kann.

Mit Phantasie das Gegebne fixiert –
Genie und Farbe und Lichter dick aufgetragen –
Schwarz, Weiß, Rot, Ocker mutig darüber-
                              geschmiert – – –
Ein schönes Bild, muß ich selber sagen,
»Mein Selbstporträt«.

Amaryllis

Das Atelier ist heiß.
Draußen, drunten die andere Welt
Klopft ihre Teppiche, schreit und bellt.
Der Maler, der das wußte, er weiß
Es jetzt nicht mehr. Die Zeit steht still.
Der Pinsel zecht, läuft, zecht, läuft schnell
Und weiter, als er darf und will.
Reglos im Stuhle das schöne Modell
Träumt von sich selber, von Amaryll.

Landflucht

Fort vom Lande, aus dem engen
Städtchen in die Großstadt flieht der Geist,
Wo im Kampf der Mengen
Er zerreißt.
Dort, wo Puls und Uhr
Schneller ticken,
Wird er sich zusammenflicken,
Wenn er's erst versteht,
Daß die unbezwingliche Natur
Auch auf Radiowellen, Schienenspur
Und Propellerschwingen weitergeht.

Wenn ihm das gelingt,
Wenn er nicht darüber ganz verkommt,
Wenn ihm die Erkenntnis frommt,
Daß die Nachtigall genau so singt
Wie ein Spatz
Am Alexanderplatz, – – –
Ja, dann wird ihn wohl von Zeit zu Zeit
Eine Sehnsucht wieder landwärts tragen
In die Enge, in die Einsamkeit. – –
Bis die simplen, friedlichen, gesunden
Bauern ihn nach Tagen
Oder Stunden
Wiederum verjagen;
In die große Stadt zurück.
Und dort wird er sagen:
Nur im Ruhelosen ruht das Glück.

Ostern

Wenn die Schokolade keimt,
Wenn nach langem Druck bei Dichterlingen
»Glockenklingen« sich auf »Lenzesschwingen«
Endlich reimt,
Und der Osterhase hinten auch schon preßt,
Dann kommt bald das Osterfest.

Und wenn wirklich dann mit Glockenklingen
Ostern naht auf Lenzesschwingen, – – –
Dann mit jenen Dichterlingen
Und mit deren jugendlichen Bräuten
Draußen schwelgen mit berauschten Händen – – –
Ach, das denk ich mir entsetzlich,
Außerdem – unter Umständen –
Ungesetzlich.

Aber morgens auf dem Frühstückstische
Fünf, sechs, sieben flaumweich gelbe, frische
Eier. Und dann ganz hineingekniet!
Ha! Da spürt man, wie die Frühlingswärme
Durch geheime Gänge und Gedärme
In die Zukunft zieht,
Und wie dankbar wir für solchen Segen
Sein müssen.

Ach, ich könnte alle Hennen küssen,
Die so langgezogene Kugeln legen.

Die zwei Polis

Ich drehe aus der Tik
Niemandem einen Strick.
Denn wir wollen frei
Sein in der Republik.

Und wie der Tik so auch der Zei
Geh ich am liebsten weit vorbei.
Ich habe sie beide dick.

So werfe auch kein andrer solchen Strick
Mit der Tik mir ums Genick.
Denn ich will von der Tik nichts verstehn.
Und die Zei und alle Zein
Können mich – o nein! o nein! –
Können mir auch aus dem Wege gehn.

Bei der Tik verlangt man Krummheit
Im gegebenen Moment.
Und die Zei wünscht füge Dummheit,
Weil sie keinen Shakespeare kennt.

Und die Zei will meinen Willen.
Meine Meinung will die Tik.
Beide wünschen sie im stillen
Hypothek auf jedermanns Geschick.

Es muß doch Leute geben,
Die ehrlich sein wolln,
Und weil sie nur ihr Ausmaß leben,
Darum auch freier sein solln.

Darum übe die Zei nicht an mir Kritik,
Und die Tik möge mir es verzeihn,
Wenn ich nochmals gestehe, daß ich jeden Augenblick
Möglichst fern von beiden möchte sein.

Wege

Der Schwindel barmte laut und bog
Sich tief, dann dicht, und log und log.

Ein Ehrlicher schlich hinterher
Und hielt sich still und tat sich schwer.

Der Schwindel klebte sich wie Leim,
Gab groß, nahm klein und sprach von »Heim«,

Erwarb sich Kenntnis und Vertraun
Und steckte sich dann hinter Fraun,

Ward unterstützt, ward fest und steif,
Gab klein, nahm groß und fühlte »reif«.

Der Schwindel trotzte unverblümt.
Er ward bekannt. Er ward berühmt.

Er zog nach unten hin Vergleich.
Er rückte ab. Er wurde reich.

Der Schwindel fühlte sich und schoß.
Wenn einer widersprach, dem goß

Geblufft, bezahlt, Majorität
Ins Auge Popularität.

Der Schwindel war geschützt, gemacht,
Nur ruhelos bei Tag wie Nacht.

Denn er gedachte ohne Ruh
Des Ehrlichen; doch gab's nicht zu,

Vernahm und brachte dessen Schritt
Mit Hohn, dann Wut in Mißkredit.

Der Schwindel, längst gemacht, war satt,
Stand überall in jedem Blatt.

Der Ehrliche kam fromm und schwer,
Ganz müde, spät, des Wegs daher,

Ging still vorbei und fromm und schwer.
Und er erreichte sehr viel mehr.

Heimatlose

Ich bin fast
Gestorben vor Schreck:
In dem Haus, wo ich zu Gast
War, im Versteck,
Bewegte sich,
Regte sich

Plötzlich hinter einem Brett
In einem Kasten neben dem Klosett,
Ohne Beinchen,
Stumm, fremd und nett
Ein Meerschweinchen.
Sah mich bange an,
Sah mich lange an,
Sann wohl hin und sann her,
Wagte sich
Dann heran
Und fragte mich:
»Wo ist das Meer?«

Der Komiker

Ein Komiker von erstem Rang
Ging eine Straße links entlang.
Die Leute sagten rings umher
Hindeutend: »Das ist der und der!«
Der Komiker fuhr aus der Haut
Nach Haus und würgte seine Braut.
Nicht etwa, wie von ungefähr,
Nein ernst, als ob das komisch wär.

Meine erste Liebe?

Erste Liebe? Ach, ein Wüstling, dessen
Herz so wahllos ist wie meins, so weit,
Hat die erste Liebe längst vergessen,
Und ihn intressiert nur seine Zeit.

Meine letzte Liebe zu beschreiben,
Wäre just so leicht wie indiskret.
Außerdem? Wird sie die letzte bleiben,
Bis ihr Name in der »Woche« steht?

Meine Abenteuer in der Minne
Müssen sehr gedrängt gewesen sein.
Wenn ich auf das erste mich besinne,
Fällt mir immer noch ein früh'res ein.

Enge Künstlerschaft

Sie wissen alle was, was sie nicht sagen,
Was sie nach ihrer Meinung vorwärtstrug.
Sie nützen ihren engen Weg und wagen
Nicht, wissen nichts vom freien Flug.

Als wär nicht Raum genug in Welt und Leben,
Wo alle echten Menschen Künstler sind.
Und wäre doch mit dem konträren Wind
Jedem ganz unerschöpflich viel gegeben.

Ihr Lachen schwitzt, ihr Stürmen ist ein Schleichen.
Untereinander hocken sie vertraut
Und tuscheln gegen Außenseiter laut,
Derweil sie selber giftig sich vergleichen.

Kristallisiert zum legitimen Grüppchen
Wird ihr Charakter plötzlich fest bestimmt.
Von ihren Idealen bleibt ein Süppchen,
Darin ein Titel oder Goldnes schwimmt.

Sie pochen all auf was, was gar nicht klingt,
Obwohl es hohl ist. Dennoch nehmen
Sie and're auf, doch wieder nur bedingt,
Die Kleinen oder Großen, doch Bequemen.

Und könnte doch für sie und jedermann
Alles so anders und so herrlich sein.
Man kann – (Um Gottes willen: Nein!)
Es gibt gar kein »Man kann«.

Es gibt ein »Manko«, gibt ein »Mannequin«,
Ein »Monkey« – – aber das ist kein Dessin.
Es furzt ein Ulk. Der Teufel lupft den Steert.
Und mehr ist jene Gruppe gar nicht wert.

Auskehr
(Zum Schmutz- und Schundgesetz November 1926)

Schundige, verbrauchte Besen wollen,
Nur aus schmutzig-dunklem Hintergrund:
Mummgedachte dummgemachte Menschen sollen
Ihnen helfen gegen Schmutz und Schund.

Wollen also scheinbar Straßen reinigen,
Nicht vor eigner Türe, nein! O nein!
Herrschen wollen sie und peinigen.
Denn man sah in ihren Stiel hinein.

Und da fand man in den Stielen Knuten
Aus der mittelalterlichsten Zeit.
Und wir andern müssen uns nun sputen,
Denn die Besen stehen kampfbereit.

Sagen wir nur: Nein!
In die Ecke, Besen, Besen!
In dem Dreck, wo ihr gewesen
Seid, macht euern Dreck allein!
Nicht verhandeln.
Denn wir wollen rein,
Auch durch Schmutz und Schund, in Freiheit wandeln.

Komm, sage mir,
was du für Sorgen hast

Es zwitschert eine Lerche im Kamin,
Wenn du sie hörst.
Ein jeder Schutzmann in Berlin
Verhaftet dich, wenn du ihn störst.

Im Faltenwurfe einer Decke
Klagt ein Gesicht,
Wenn du es siehst.
Der Posten im Gefängnis schießt,
Wenn du als kleiner Sträfling ihm entfliehst.
Ich tät es nicht.

In eines Holzes Duft
Lebt fernes Land.
Gebirge schreiten durch die blaue Luft.
Ein Windhauch streicht wie Mutter deine Hand.
Und eine Speise schmeckt nach Kindersand.
Die Erde hat ein freundliches Gesicht,
So groß, daß man's von weitem nur erfaßt.
Komm, sage mir, was du für Sorgen hast.
Reich willst du werden? – Warum bist du's nicht?

Es schneit

Es schneit dicke Flocken,
Nicht warm aber frisch gebacken.
Die setzen sich in meine Dichterlocken,
In meinen Schiebernacken,
Auf meine Smoking-Socken.

Sie machen den Polizisten
Gemütlich zum Weihnachtsmann.
Da legen die Touristen
Ihre Polarausrüstung an.

Wir wollen uns alle zusammentun,
Um den Beschluß zu fassen:
Es dürfen alle Sachsen von nun
An nicht mehr ihr Land verlassen.

Sie querten mit wilder Behaglichkeit
Karlmayisch gedachte Fernen
Und blieben Sachsen. Es wird für sie Zeit,
Sich selbst erst mal kennenzulernen.
Es schneit.

Wenn hundert Leute sich einig sind,
Dann fühlen sich die als Giganten
Und schwafeln vor einem vernünftigen Kind
Wie taube verwunschene Tanten.

Es schneit. Wie in unserer Kinderzeit.
Zum Wintersport eingeladen,
Gehe ich schlafen. Es schneit. Es schneit.
Es schneit für den Landmann Kuhfladen.

Es schneit für die Zukunft Straßendreck.
Auf Gräber schneit's weiße Rosen.
Doch es schneit Erbsensuppe mit Speck
In die Taschen der Arbeitslosen.

Genau besehn

Wenn man das zierlichste Näschen
Von seiner liebsten Braut
Durch ein Vergrößerungsgläschen
Näher beschaut,
Dann zeigen sich haarige Berge,
Daß einem graut.

Reklame

Ich wollte von gar nichts wissen.
Da habe ich eine Reklame erblickt,
Die hat mich in die Augen gezwickt
Und ins Gedächtnis gebissen.

Sie predigte mir von früh bis spät
Laut öffentlich wie im stillen
Von der vorzüglichen Qualität
Gewisser Bettnässer-Pillen.

Ich sagte: »Mag sein! Doch für mich nicht! Nein, nein!
Mein Bett und mein Gewissen sind rein!«

Doch sie lief weiter hinter mir her.
Sie folgte mir bis an die Brille.
Sie kam mir aus jedem Journal in die Quer
Und säuselte: »Bettnässer-Pille.«

Sie war bald rosa, bald lieblich grün.
Sie sprach in Reimen von Dichtern.
Sie fuhr in der Trambahn und kletterte kühn
Nachts auf die Dächer mit Lichtern.

Und weil sie so zähe und künstlerisch
Blieb, war ich ihr endlich zu Willen.
Es liegen auf meinem Frühstückstisch
Nun täglich zwei Bettnässer-Pillen.

Die ißt meine Frau als »Entfettungsbonbon«.
Ich habe die Frau belogen.
Ein holder Frieden ist in den Salon
Meiner Seele eingezogen.

… als eine Reihe von guten Tagen

Wir wollen uns wieder mal zanken,
Auf etwas hacken wie Raben,
Daß unsre zufriednen Gedanken
Eine Ablenkung haben.

Wir wollen irgendein harmloses Wort
Entstellen,
Dann uns verleumden und zum Tort
Etwas tun; das schlägt dann Wellen.

Wir wollen dritte aufzuhetzen
Versuchen,
Dann unsere Freundschaft verfluchen,
Einmal sogar ein Messer wetzen,
Dann aber uns – in Blickweite –
Auseinander zusammensetzen,
Um superior jedem weiteren Streite
Auszuweichen;
Mit dem Schwur beiseite:
Uns nimmermehr zu vergleichen.

Dann wollen wir, jeder mit Ungeduld,
Ein paar Nächte schlecht träumen,
Dann heimlich eine gewisse Schuld
Dem anderen einräumen,
Dann lächeln, dann seufzen, dann stöhnen,
Dann plötzlich uns gründlich bezechen,
Dann von dem vergänglichen, wunderschönen
Leben sprechen.

Und dann uns wieder einmal versöhnen.

An M.

Der du meine Wege mit mir gehst,
Jede Laune meiner Wimper spürst,
Meine Schlechtigkeiten duldest und verstehst – –.
Weißt du wohl, wie heiß du oft mich rührst?

Wenn ich tot bin, darfst du gar nicht trauern.
Meine Liebe wird mich überdauern
Und in fremden Kleidern dir begegnen
Und dich segnen.

Lebe, lache gut!
Mache deine Sache gut!

An den Mann im Spiegel

Du bist ein krummer, dummer Hund!
Und hast es doch so gut gehabt,
Bist gar nicht reich und bist gesund,
Auch großenteils nicht unbegabt.

Du altes Schwein im Trüffelbeet,
Weißt du auch stets, wie gut's dir geht?

Du, spring nicht über Schranken,
Die höher, als du selbst bist, sind.
Vergiß nie, täglich wie ein Kind
Für alles tief zu danken.

Steine am Meer.
Essay mit Gedicht *Steine am Meeresstrand* (1929)

Steine am Meer

Eine schöne Freude am Strande ist mir das: mit dem Blick nach unten über die Millionen von Steinen und Steinchen zu wandern, zu steigen, zu kriechen. Um in ihrer mannigfaltigen Masse Formenwunder und Farbenwunder zu entdecken. Um Anregendes, Aufregendes, Seltsames zu finden oder auch etwas, womit mein Ehrgeiz meinen Strandbekannten aufwarten kann.

Ich finde immer etwas. Erfreulicherweise am wenigsten das, was leider auch ich suche, wie außer mir viele Menschen, Dinge von Geldwert oder Sammelwert. Zum Beispiel den Bernstein.

Aber ich finde sonsterlei. Selbstverständlich die bekannten, immer ähnlich sich wiederholenden Steinformen. Die Kugel, das Ei, der Pilz. Oder die dünne, runde Scheibe, die man flach über das Wasser wirft, um sich daran zu ergötzen, wie sie, am Wasser abprallend, noch mehrere anmutige Sprünge macht. Oder der Donnerkeil, um den so unklare Sagen ziehn. Neben der billigen Kartoffel hebe ich anderes Eßbare auf. Als läge das meinem Interesse am nächsten. Gurke, Käse oder Käsescheibe, Wurststücke, Früchte. Ebenso auffallend häufig

zeigen sich Tierähnlichkeiten. Vögel, Hunde, Robbe,
Fisch, Säugetiere, Nagetiere, alle Tiere.

Ein Würfel, ein Kobold, orthopädische Modelle, ein
Medaillon, ein Napoleon, ein Hammer. Ein anderer
Stein, der mir wieder entgleitet und an einem härteren
zerschellt, ist nun eine Urne mit Deckel. Ich spähe wei-
ter: ein Magengeschwür, wie ich es einmal in Spiritus
sah, dann etwas, was ich nicht nennen darf, dann ein
Knochen. Ein rührendes Stück Madonna, eine Nase,
verschiedene Nasen. Meine eigene Nase fand ich noch
nicht.

Dafür ragen am Meeresufer abwechselnd im Trok-
kenen oder im Wasser gigantische Felsblöcke, wertvolle
Quader aus der Unzahl von kleinen und kleinsten
Geschwistern empor und reden genau so wie diese von
Ureltern, Kampf und Geschichte. Ich darf sie nicht auf-
heben. Es ist verboten. (Ich schreibe dies 1929 auf der
Insel Hiddensee.) Sie werden als Küstenschutz heilig ge-
halten. Und sind auch zu schwer.

Ich beschäftige mich lieber mit den kleinen Gebilden,
von denen die See täglich Tausende ausspült und gele-
gentlich viele wieder abholt. Das heißt, eigentlich von
den Außenseitern darunter. Deren Gestaltung, deren
Gesichter und Fratzen geben ebenso der Phantasie wie
dem Humor endlos zu denken. Was sie zeigen, ist ange-
deutet oder deutlich. Man kann ihre Ähnlichkeit mit
Dingen oder Wesen leicht verstärken. Ein Tintenstrich,
ein aufgetuschtes Punktauge kann genügen, um eine
mystische, antike Plastik oder eine arktische Landschaft
nachweisbar entdeckt zu haben.

Aber ich suche keine Kunstwerke, auch keine geolo-
gischen oder petrographischen, überhaupt keine wis-

senschaftlichen Aufklärungen. Ich gebe mich spielerisch den Eindrücken hin, die aus dieser stummen Steinwelt zu mir kommen. Und ich will von ihnen nicht belehrt werden, sondern in ihnen träumen und ahnen.

Es macht mir nichts aus, daß ich manchmal ob dieser Liebhaberei belächelt werde. Ich komme mir selber wie ein Kind vor, wenn ich nicht müde werde, so im Steingeröll zu forschen. Ich bilde mir dann rührsam ein, schon als kleines Kind so gespielt zu haben. Aber daß das Täuschung ist, merke ich, wenn ich heute die kleinen Kinder beobachte, die dort um mich herum mit Steinen spielen.

Ich habe doch seit meiner Kindheit so viel gelernt, erlebt und erfahren. Ich weiß heute zu erklären. Ich kann logisch folgern und deuten. Und doch – meine ich – bewegt mich vor diesen Steinen auch heute noch ein Staunen, ein Bangen, ein Sehnen wie damals.

Steine am Meeresstrand

Steine schaumumtollt.
Zornig ausgerollt
Über Steine. –
Freiheit, die ich meine,
Gibt es keine.

Stille nun. Entbrandet
Ruht ihr, feucht umsandet,
Unzählbar gesellt,
Von der Zeit geschliffen

Oder kampfentstellt. –
Alle von der Welt
Lange rauh begriffen,
Schweigt ihr. – Ihr begreift die Welt.

Wie ich euch sortiere,
Spielerisch verführt:
Früchte, Götzen, Tiere,
Wie es Phantasie so legt,
Habt ihr in mir aufgeführt,
Was seit Kindheit mich bewegt.

Spitze, trübe, glatte, reine,
Platte, freche, winzig kleine,
Ausgehöhlte, fette Steine,
Plumpe, schiefe, trotzig große –

Ja ihr predigt ernst wie froh,
Meistens simpel, oft apart,
Weit umgrenzte, willenlose
Freiheit. – Predigt ebenso
Fromm wie hart.

Flugzeuggedanken (1929)

Flugzeuggedanken

Dort unten ist die Erde mein
Mit Bauten und Feldern des Fleißes.
Wenn ich einmal nicht mehr werde sein,
Dann graben sie mich dort unten hinein,
Ich weiß es.

Dort unten ist viel Mühe und Not
Und wenig wahre Liebe. –
Nun stelle ich mir sekundenlang
Vor, daß ich oben hier bliebe,
Ewig, und lebte und wäre doch tot – –
Oh, macht mich der Gedanke bang.

Mein Herz und mein Gewissen schlägt
Lauter als der Propeller.
Du Flugzeug, das so schnell mich trägt,
Flieg schneller!

Freunde, die wir nie erlebten

Ihr, die nie ich sah,
Nimmer menschlich sehe,
Seid mir nun so nah,
Wenn ich einsam gehe.

Was ich weiß, nicht wußte
Über euch, hab ich's versäumt?
Ich's verfehlt? –
Oder mußte
Fern vergehn, was ich erträumt? –

Schenkte Gott die Kunst, das Wort
Ferner, Toter nachzulesen.
Ach wie heiß mich das beschlich:
Dann und dann und da und dort
Ist ein Herz wie meins gewesen,
Still für sich.

Tröstliches Gefühl: Es dächte
Später wer so über mich. –
Keine aller Erdenmächte,
Wär sie noch so übermütig,
Kann uns trennen,
Die wir Gleiche sind zu nennen.

Denn wir waren nie gesellt,
Weil der Gott uns weise, gütig
Fern vonander aufgestellt,
Wissend um die Welt.

Spielen Kinder doch …

Sahst du in der Bahn auf Reisen:
Fährt dein Spiegelbild daneben
Draußen heil durch Fels und Eisen?
Was ist Schein und was ist Leben?

Wirrgespräch von Schizophrenen –?
Und der Wirrsinn deiner Träume –?
Warum suchen wir, ersehnen
Unterschiede, Zwischenräume?

Nach dem Nichts, dem Garnichts schielen
Alle, Freude, Gleichmut, Trauer.
Aus dem Garnichts lockt ein Schauer
So und so mit fremden Spielen.

Manchmal, zwischen trocknen Zeilen:
Barmt es, winkt es oder lacht es. –

Spielen Kinder doch zuweilen
Wundersames Selbsterdachtes.

Mein Wannenbad

Es muß wieder mal sein.
Also: Ich steige hinein
In zirka zwei Kubikmeter See.
Bis übern Bauch tut es weh.

Das Hähnchen plätschert in schamlosem Ton,
Ich atme und schnupfe den Fichtenozon,
Beobachte, wie die Strömung läuft,
Wie dann clam, langsam mein Schwamm sich besäuft.
Und ich ersäufe, um allen Dürsten
Gerecht zu werden, verschiedene Bürsten.
Ich seife, schrubbe, ich spüle froh.
Ich suche auf Ausguck
Vergebens nach einem ertrinkenden Floh,
Doch fort ist der Hausjuck.
Ich lehne mich weit und tief zurück,
Genieße schaukelndes Möwenglück.
Da taucht aus der blinkenden Fläche, wie
Eine Robinsoninsel, plötzlich ein Knie;
Dann – massig – mein Bauch – eines Walfisches Speck.
Und nun auf Wellen (nach meinem Belieben
Herangezogen, davongetrieben),
Als Wogenschaum spielt mein eigenster Dreck
Und da auf dem Gipfel neptunischer Lust,
Klebt sich der Waschlappen mir an die Brust.
Brust, Wanne und Wände möchten zerspringen,
Denn ich beginne nun, dröhnend zu singen
Die allerschwersten Opernkaliber.
Das Thermometer steigt über Fieber,
Das Feuer braust, und der Ofen glüht,
Aber ich bin schon so abgebrüht,
Daß mich gelegentlich Explosionen –
– Wenn's an mir vorbeigeht – –
Erfreun, weil manchmal dabei was entzweigeht,
Was Leute betrifft, die unter mir wohnen.
Erhebe mich mannhaft ins Duschengebraus.
Ich bück mich. Der Stöpsel rülpst sich hinaus,

Und während die Fluten sich gurgelnd verschlürfen,
Spannt mich das Bewußtsein wie himmlische Zauber,
Mich überall heute zeigen zu dürfen,
Denn ich bin sauber. –

Winterflug 1929

Merkwürdig: Durch meine Lebenszeit
War ich wie gegen Tod gefeit.
Weiß heute wohl, warum.
Als ich noch nicht es wußte, war
Gott immer bei mir in Gefahr,
Weil ich nicht – – eben darum.

Unter mir: Tausend Bäume stehen,
Kahlfressen wie von Ratten,
Und werfen auf den Schnee, die Schneen
Gleichviel blauzarte Schatten.

Wenn man vom Flugzeug niederblickt
Auf so verschneite Welt,
Dann glaubt man nicht mehr an Durchlaucht.

Ich hätte gar zu gern geraucht
Und einen Meukow mir bestellt
Und eine Frau vor mir gezwickt.

Zu dir

Sie sprangen aus rasender Eisenbahn
Und haben sich gar nicht weh getan.

Sie wanderten über Geleise,
Und wenn ein Zug sie überfuhr,
Dann knirschte nichts. Sie lachten nur.
Und weiter ging die Reise.

Sie schritten durch eine steinerne Wand,
Durch Stacheldrähte und Wüstenbrand,
Durch Grenzverbote und Schranken
Und durch ein vorgehaltnes Gewehr,
Durchzogen viele Meilen Meer. –

Meine Gedanken. –

Ihr Kurs ging durch, ging nie vorbei.
Und als sie dich erreichten,
Da zitterten sie und erbleichten
Und fühlten sich doch unsagbar frei.

Eine Zuschauerin im Flughafen

»Nie wieder wird's Menschen geben,
Die so viel erleben,
Wie wir, in unsrer gigantischen Zeit!
Der Weltkrieg und die ihm folgenden Leiden –
Wird keiner auch uns darum beneiden –

Haben doch alles, was in der Welt
Früher geschah, in den Schatten gestellt.
O unsre Zeit! Und speziell unser Land!«

Der Platzleiter bückte sich, hob galant
Ein Buch auf, gab's mit der linken Hand
Der Dame zurück, nicht mit der rechten.
(Er war im Kriege in Luftgefechten
Dreimal abgeschossen und rühmlichst bekannt.)

»Danke. – Ach, wie der Gedanke erhebt:
Nie wird – Nie hat eine Generation
Soviel Erfindungen neu erlebt.
Denken Sie nur an Edison,
An Fahrrad, Auto und Grammophon,
An Kino, Radio, Röntgenstrahlen,
Schon Trambahn, Rohrpost und Salvarsan.
All das hat unsere Zeit getan!
Und was noch folgt, ist kaum auszumalen.

Wir schreiten weiter von Siegen zu Siegen.
Nicht Fortschritt mehr, sondern Fortflug. Wir fliegen
Empor. Wir werden zu höheren Fernen
Schweben, zum Mars und zu sämtlichen Sternen.
Wir werden vielleicht
Die alleräußerste Peripherie
Des Weltalls erreichen. – –
Ich danke Ihnen, das haben Sie
Und Ihresgleichen
Durch Ihr Genie und durch Mut erreicht.«

Die Dame schwieg, und sie fächelte
Mit ihren Armen, als wollte sie fliegen.

Der Flugplatzleiter lächelte.
»Bin oft nach der Sonne zu aufgestiegen«,
So sagte er heiter,
»Doch zog sie sich immer um jedes Stück
Meiner erstrebten Annäherung weiter
Und höher zum alten Abstand zurück.«

An Mächtige (1930)

An Mächtige

Ja, ihr seid mächtig.
Euch pissen keine Hunde an.
Mit dem, was verdächtig
Schweigt, bändelt ihr lieber nicht an.
Und was sich muckt,
Wird geduckt.
Und was euch zuwider
Marschiert, schlagt ihr nieder.
Wie ihr so bang zum Himmel seht
Und grausend in die Tiefe. –
Aus Flugzeugperspektive
Ist doch ein Wald ein Grünkohlbeet.
Mich hat ein Zahnweh nur fixiert,
Ich war gleich völlig deprimiert.

Kinder-Verwirr-Buch (1931)

Und der Osterhase legt
(Bald sehr eitel, bald bewegt)
Rührei oder Spiegelei.
Schauerlich stöhnt er dabei.

der Osterhase

Unter Wasser Bläschen machen

Kinder, ein Rätsel! Hört mich an!
Wer es herausbekommt, kriegt Geld! – Wie kann
Man unter Wasser Bläschen machen?
Das müßt ihr versuchen – unbedingt! –
In der Badewanne. Und wenn es gelingt,
Werdet ihr lachen.

Den Unterschied bei Mann und Frau
Sieht man durchs Schlüsselloch genau.

Kinder, ihr müßt euch mehr zutrauen!
Ihr laßt euch von Erwachsenen belügen
Und schlagen. – Denkt mal: fünf Kinder genügen,
Um eine Großmama zu verhauen.

An Berliner Kinder

Was meint ihr wohl, was eure Eltern treiben,
Wenn ihr schlafen gehen müßt?
Und sie angeblich noch Briefe schreiben.
Ich kann's euch sagen: da wird geküßt,
Geraucht, getanzt, gesoffen, gefressen,
Da schleichen verdächtige Gäste herbei.
Da wird jede Stufe der Unzucht durchmessen
Bis zur Papagei-Sodomiterei.

Da wird hasardiert um unsagbare Summen.
Da dampft es von Opium und Kokain.
Da wird gepaart, daß die Schädel brummen.
Ach schweigen wir lieber. – Pfui Spinne, Berlin!

Silvester bei den Kannibalen

Am Silvesterabend setzen
Sich die nackten Menschenfresser
Um ein Feuer, und sie wetzen
Zähneklappernd lange Messer.

Trinken dabei – das schmeckt sehr gut –
Bambus-Soda mit Menschenblut.

Dann werden aus einem tiefen Schacht
Die eingefangenen Kinder gebracht
Und kaltgemacht.
Das Rückgrat geknickt,
Die Knochen zerknackt,
Die Schenkel gespickt,
Die Lebern zerhackt,
Die Bäuchlein gewalzt,
Die Bäckchen paniert,
Die Zehen gesalzt
Und die Äuglein garniert.

Man trinkt eine Runde und noch eine Runde.
Und allen läuft das Wasser im Munde
Zusammen, ausnander und wieder zusammen.

Bis über den feierlichen Flammen
Die kleinen Kinder mit Zutaten
Kochen, rösten, schmoren und braten.

Nur dem Häuptling wird eine steinalte Frau
Zubereitet als Karpfen blau.
Riecht beinah wie Borchardt-Küche, Berlin,
Nur mehr nach Kokosfett und Palmin.

Dann Höhepunkt: Zeiger der Monduhr weist
Auf Zwölf. Es entschwindet das alte Jahr.
Die Kinder und der Karpfen sind gar.
Es wird gespeist.

Und wenn die Kannibalen dann satt sind,
Besoffen und überfressen, ganz matt sind,
Dann denken sie der geschlachteten Kleinen
Mit Wehmut und fangen dann an zu weinen.

Vom andern aus lerne die Welt begreifen

(Ein Märchen)

Emanuel Assup war durch Fleiß, Einsicht und Treue ein
wohlhabender Gutsbesitzer geworden. Sein einziges
Kind, ein stiller Junge, hieß Schelich. Der hatte das
Abitur bestanden. Nun sollte er einen Beruf ergreifen.
Er äußerte, befragt, etwas unsicher: »Seemann«. Der
Vater redete ihm das aus. Das Marineleben sei ein hartes
und gefährliches. Schelich könnte mit seiner guten

Schulbildung auf anderen Gebieten festeres Glück errei-
chen. Emanuel Assup führte das sehr sachlich und herz-
lich aus. Und er ließ dem Sohn danach Zeit, sich in Ruhe
auf etwas anderes zu besinnen.

Schelich ging spazieren. Durch den Garten, ans Meer,
am Strand entlang, durch den Wald und über die Felder.
Er fütterte die Vögel und die Fische und sein Lieb-
lingstier: eine Riesenschildkröte, die ihm der Vater zum
Geburtstag geschenkt hatte. Für das Tier war im Garten
ein zehn Quadratmeter großes Gehege mit einem Bret-
terzaun abgegrenzt.

Nach mehreren Wochen erkundigte sich Herr Assup
bei seinem Sohn: »Bist du schon mit dir selber einig dar-
über, was du werden willst?«

»Ich möchte Flieger werden.«

»Nein, mein Junge, das gebe ich nicht zu. Der Flie-
gerberuf ist ein wagehalsiger, und sein Ruhm befriedigt
auf die Dauer keinen geistig begabten Menschen. Über-
lege dir etwas Besseres. Ich lasse dir Zeit zum Nach-
denken, so lange du willst. Aber ich warne dich vor dem
Müßiggang. Werde nicht faul, wie es zum Beispiel diese
Schildkröte ist, die tagelang auf ein und demselben Fleck
liegt und noch nichts geleistet hat.«

Der Sohn antwortete schüchtern: »Ist sie nicht den-
noch ein großes Tier geworden?!«

Da wandte sich der Vater lächelnd ab.

Schelich ging zur Schildkröte und fragte sie: »Bist du
glücklich?« Aber sie gab keine Antwort, sondern zog
sich in ihr Gehäuse zurück.

Schelich fragte die Vögel: »Seid ihr glücklich?«

»Ja! Ja! Weit über die höchsten Türme, Wipfel und
Gipfel, durch die lichten und wechselnden Wolken zu

jagen, gegen Winde zu steigen; von Winden getragen,
sich schwebend zu halten; aus steilen Höhen sich fallen
zu lassen, um kurz vor dem Aufprall die fangenden
Schwingen zu entfalten und frei zu singen, – – das ist
wunderschön!«

Da wurde Schelich sehr traurig. Ohne sich jemandem
anzuvertrauen, verließ er eines Morgens das Haus seines
Vaters und wanderte davon. Als er nach zwei Tagen den
höchsten Punkt eines hohen Berges erreicht hatte, stürz-
te er sich von einer steilen Felswand hinab. Zweifellos
wäre er in der Tiefe zerschmettert, wenn ihn nicht ein
großer Vogel mit seinen Flügeln aufgefangen hätte. Der
trug ihn nun Meilen und Meilen weit über Länder und
Meere durch die Lüfte.

»Fliegen ist schön!« sagte Schelich.

»Ja, fliegen ist schön, aber man muß es erlernen und
verstehen.« Und der Vogel setzte den jungen Mann in ei-
ner fernen, großen Stadt ab und entflog.

Schelich fühlte sich frohen Mutes und unterneh-
mungslustig. Er suchte und fand eine Stellung bei einer
Fliegereigesellschaft und wurde im Laufe einiger Jahre
ein geschätzter Luftpilot. Obwohl er zweimal mit sei-
nem Flugzeug abstürzte, kam er doch mit dem Leben
davon und blieb gesund. Aber seinem Vater sandte er
nicht das geringste Lebenszeichen. Er wollte ihn erst
dann benachrichtigen, wenn er einmal durch eigene
Kraft ein Vermögen erworben hätte. Das gelang ihm
nicht. Er ward des Fliegerlebens überdrüssig, und seine
Sehnsucht nach dem Vater wuchs und wurde so mäch-
tig, daß er eines Tages heimkehrte.

Vater und Sohn fielen einander in die Arme. Sie wein-
ten vor Rührung und Dankbarkeit. Dennoch sprach

Schelich kein Wort über das, was er erlebt hatte. Und der Vater fragte mit keinem Worte danach, sondern verzieh schweigend. Aber Schelich war ganz erschrocken darüber, wie sehr der Vater inzwischen gealtert war.

Und Schelich wurde noch ernster und nachdenklicher. Er eilte zur Schildkröte, fand sie am alten Platze und fragte: »Wie geht es dir? Bist du glücklich?«

Sie gab keine Antwort, sondern zog sich in ihr Gehäuse zurück.

Schelich entfernte den Bretterzaun, der sie gefangen hielt. Der alte Assup kam zufällig hinzu und sagte erstaunt und nicht ohne Vorwurf: »Warum zerstörst du, was ich errichtet habe!«

Wieder lebte Schelich wie zuvor. Er ging spazieren und fütterte die Tiere. Einmal betrat er das Arbeitszimmer des Vaters und teilte diesem ruhig mit, daß die Schildkröte entflohen wäre. Assup senior erregte sich sehr. Er wollte sofort seinen Jäger und ein paar Knechte veranlassen, die Verfolgung aufzunehmen. Schelich beruhigte ihn: »Es ist nicht nötig, Vater. Ich habe die Schildkröte bereits aufgespürt. Sie liegt drei Fuß weit von der ehemaligen Zaungrenze entfernt.«

Vater Assup lachte und klopfte dem Sohn freundlich auf die Schulter. Plötzlich wurde er wieder ernst und sagte, sich abwendend, leise: »Man kommt nicht weit, wenn man sich heimlich entfernt.«

Schelich fragte die Fische: »Seid ihr glücklich?«

»Ja! Ja! Sich von den kühlen Fluten so gütig weich allseitig umspülen, sich treiben zu lassen, und tief zu tauchen in dunkles Reich, wo Wunder blinken; ohne zu ertrinken, durch hohe Wellen, durch Strudel und zischende Böen zu reisen, sich vorwärts zu schnellen; das

Fließen von Kühlung zu genießen, – – ach, das ist wunderschön!«

Da wurde Schelich noch trauriger. Er ruderte heimlich mit einem Boot hinaus in die hohe See und sprang dort über Bord, um sich zu ertränken.

Wäre auch ertrunken, weil er nicht schwimmen konnte. Aber wie er so tiefer und tiefer absackte, fuhr ihm auf einmal ein großer Fisch zwischen die Beine. Der trug auf seinem Rücken ihn zur Wasseroberfläche empor. Und dann auf weiter Reise davon, nach einem fernen Lande. Dort setzte er ihn in seichtem Strandwasser nahe einer Hafenstadt ab.

»Ach, schwimmen und reisen ist schön!«

»Ja, aber es will erlernt sein.« Mit diesen Worten entschwand der Fisch.

Schelich watete ans Ufer. Er war voller Energie und Hoffnung. Es glückte ihm bald, sich auf einem Segelschoner als Schiffsjunge zu verdingen. So fuhr er zur See nach entlegenen Küsten und wurde ein guter Seemann. Aber wiederum sandte er keinerlei Nachricht nach Hause, obwohl er diesmal noch stärkere Sehnsucht nach dem Vater empfand als damals in seiner Pilotenzeit. Er wollte so lange als verschollen gelten und nur fleißig arbeiten, bis er dem Vater eines Tages als Kapitän gegenübertreten könnte. An diesem Entschluß hielt er fest. Manchmal meinte er, vor Sehnsucht umkommen zu müssen. Auch bereitete ihm sein Beruf auf die Dauer keine Befriedigung mehr. Doch Schelich avancierte rasch, wurde Leichtmatrose, Matrose, dann Bootsmann, dann Steuermann.

An dem Tage, da er sein Kapitänspatent erhielt, ließ sich ihm ein Knecht aus seiner Heimat melden. Der hatte sich auch entschlossen, Seemann zu werden, und er brachte Schelich nun die Nachricht, daß Emanuel Assup vor einem halben Jahre gestorben wäre.

Da kam ein schweres Schmerzgefühl über den Sohn. Er reiste, so schnell er vermochte, heim.

Am Grabe des Vaters fiel er nieder und schluchzte bitterlich. Dann trieb es ihn zu der Schildkröte. Auch sie war tot. Ihr Gehäuse mit den verwitterten Resten lag noch am alten Platz. Schelich bettete die Tierleiche in die Erde ein, neben dem Grabe des alten Assup.

Schelich irrte verzweifelt umher, fragte die Vögel und die Fische, warum sie glücklich wären und warum er nicht glücklich wäre. Doch die Vögel und die Fische antworteten ihm nicht mehr.

So machte er sich, unendlich einsam, daran, den Nachlaß seines Vaters zu ordnen. Im Schreibtisch entdeckte er ein schlichtes Notizheft. Dahinein hatte der alte Herr noch mit zittriger Hand geschrieben:

Es sind die harten Freunde, die uns schleifen.

Sogar dem Unrecht lege Fragen vor.

Wer nimmer fragt, merkt nicht, was er verlor.

Vom andern aus lerne die Welt begreifen.

Doch ihre Sterne
kannst du nicht verschieben

Das Sonderbare und Wunderbare
Ist nicht imstande, ein Kind zu verwirren.
Weil Kinder wie Fliegen durch ihre Jahre
Schwirren. – Nicht wissend, wo sie sind.

Nur vor den angeblich wahren
Deutlichkeiten erschrickt ein Kind.

Das Kund muß lernen, muß bitter erfahren.
Weiß nicht, wozu das frommt.
Hört nur: das muß so sein.

Und ein Schmerz nach dem andern kommt
In das schwebende Brüstchen hinein.
Bis das Brüstchen sich senkt
Und das Kind denkt.

Gedichte dreier Jahre (1932)

Schiffer-Sentiment

Gelb das Wasser und der Himmel grau.
Neben mir hockt eine alte Wachtel,
Alte Dame oder alte Frau,
Zählt zum zehnten Male ganz genau
Geld aus einer Zigarettenschachtel.

Grog tut wohl, und alte Frau tut weh.
Ich muß fort. Ich stoße meinen Kutter
Ungern in die trübe, gelbe,
Ganz genau so mißgelaunte See. –

Liebe Zeit! Es ist doch stets dieselbe,
Jedermannes arme alte Mutter.

Aus

Nun geh ich stumm an dem vorbei,
Wo wir einst glücklich waren,
Und träume vor mich hin: es sei
Alles wie vor zwei Jahren.

Und du bist schön, und du bist gut,
Und hast so hohe Beine.
Mir wird so loreley zumut,
Und ich bin doch nicht Heine.

Ich klappe meine Träume zu
Und suche mir eine Freude.
Auf daß ich nicht so falsch wie du
Mein Stückchen Herz vergeude.

Morgenwonne

Ich bin so knallvergnügt erwacht.
Ich klatsche meine Hüften.
Das Wasser lockt. Die Seife lacht.
Es dürstet mich nach Lüften.

Ein schmuckes Laken macht einen Knicks
Und gratuliert mir zum Baden.
Zwei schwarze Schuhe in blankem Wichs
Betiteln mich »Euer Gnaden«.

Aus meiner tiefsten Seele zieht
Mit Nasenflügelbeben
Ein ungeheurer Appetit
Nach Frühstück und nach Leben.

Kunstgewerbe

Ein blauer Hund mit gelben Ohren
Wurde in einem Atelier geboren.
Weil er naturfremd originell
Wie jene Mutter war, die ihn gebar,
Vermehrte er sich populär sehr schnell
Und brachte Geld, und viel sogar.

Ein andres Suchweib, gleichfalls von Beruf
Originell, erdachte sich und schuf
Aus Ton ein Mäus'chen, witzig, zart und schlicht,
Sehr künstlerisch; das reüssierte nicht.
Bis wahre Künstler es entdeckten
Und kauften von sechs Exemplaren vier.
Worauf die andern zwei entsetzlich heckten.
Nun seh ich überall dies Mäusetier.
Es glotzt, es kotzt mich an aus Gips,
Aus Bronze, Ton. Ein Mäuseplagenippes.

Ich bitte dich: Wenn ich dereinst mal sterbe,
Tu meine Asche nicht in Kunstgewerbe.

Der Abenteurer

»Abenteurer, wo willst du hin?«

Quer in die Gefahren,
Wo ich vor tausend Jahren
Im Traume gewesen bin.

Ich will mich treiben lassen
In Welten, die nur ein Fremder sieht.
Ich möchte erkämpfen, erfassen,
Erleben, was anders geschieht.

Ein Glück ist niemals erreicht.
Mich lockt ein fernstes Gefunkel,
Mich lockt ein raunendes Dunkel
Ins nebelhafte Vielleicht.

Was ich zuvor besessen,
Was ich zuvor gewußt,
Das will ich verlieren, vergessen. –
Ich reise durch meine eigene Brust.

Die Krähe

Die Krähe lacht. Die Krähe weiß,
Was hinter Vogelscheuchen steckt,
Und daß sie nicht wie Huhn mit Reis
Und Curry schmeckt.

Die Krähe schnupft. Die Krähe bleibt
Nicht gern in einer Nähe.
Dank ihrer Magensäure schreibt
Sie Runen. Jede Krähe.

Sie torkelt scheue Ironie,
Flieht souverän beschaulich.
Und wenn sie mich sieht, zwinkert sie
Mir zu, doch nie vertraulich.

Umzug nach Berlin
(1930)

Nach Berlin, nach Berlin,
Nach Berlin umzuziehn,
Aus der dümmsten Stadt in der Welt –
Wie das lockt!! – Ich, verdumpft,
Ich, verstockt und verstumpft,
Habe endlich mich auf den Kopf gestellt.

Ach wie schön ist's im Frein
Und im Hellen zu sein!
Und wär's nur ein luftiges Zelt.
Aber gar nach Berlin,
Nach Berlin umzuziehn,
Aus der dümmsten Stadt in der Welt!

Mir ist wohl, mir ist weh –
So als ging ich in See –
Denn ich lasse auch Freunde zurück.
Doch ihr Freunde, folgt nach
Aus kleinpopliger Schmach
In den Großkampf um sauberes Glück.

Am Sachsenplatz: Die Nachtigall

Es sang eine Nacht...
Eine Nachti...
Ja Nachtigall am Sachsenplatz
Heute morgen. – Hast du in Berlin
Das je gehört? – Sie sang, so schien
Es mir, für mich, für Ringelnatz.

Und gab mir doch Verlegenheit,
Weil sie dasselbe Jauchzen sang,
Das allen Dichtern früherer Zeit
Durchs Herz in ihre Verse klang.
In schöne Verse!

Nachtigall,
Besuche bitte ab und zu
Den Sachsenplatz;
Dort wohne ich. – Ich weiß, daß du
Nicht Verse suchst von Ringelnatz.

Und hatten doch die Schwärmer recht,
Die dich besangen gut und schlecht.

Thar

Als ich abends den Zoo verließ,
Entdeckte ich noch ein Tier. Das hieß
Thar,
Himalaja. Es war
Wunderbar.

Seines Felles langseidenes Haar
Legte ein Wind bald sohin bald sohin.
Es hatte wonnige Farben in Braun.

Das Tier schien mir durch die Seele zu schaun
Und weiter und fernhin, doch wohin?

– Himalaja – Himalaja –
Der, die oder das Thar? –

Wie ernst ich vor dem Käfig war.

Kanäle in Berlin

Beleuchtete Zimmer und Säle
Locken mit lautem und hellem Spiel.
Aber die dunkle Politur der Kanäle
Verschweigt so viel.

Uferlängs gehen unsichtbar –
Stoßweise – zwei Stimmen.
Sonderbar! Wie in Gefahr!?
Oder als ob sie schwimmen.

Eine klang wie ein Kind. –
Ich bin links eingebogen.
Dort, wo die hellen Häuser sind,
Hab ich traurig mich belogen.

Segelschiffe

Sie haben das mächtige Meer unterm Bauch
Und über sich Wolken und Sterne.
Sie lassen sich fahren vom himmlischen Hauch
Mit Herrenblick in die Ferne.

Sie schaukeln kokett in des Schicksals Hand
Wie trunkene Schmetterlinge.
Aber sie tragen von Land zu Land
Fürsorglich wertvolle Dinge.

Wie das im Winde liegt und sich wiegt,
Tauweb überspannt durch die Wogen,
Das ist eine Kunst, die friedlich siegt
Und ihr Fleiß ist nicht verlogen.

Es rauscht wie Freiheit. Es riecht wie Welt. –
Natur gewordene Planken
Sind Segelschiffe. – Ihr Anblick erhellt
Und weitet unsre Gedanken.

Schwebende Zukunft

Habt ihr einen Kummer in der Brust
Anfang August,
Seht euch einmal bewußt
An, was wir als Kinder übersahn.

Da schickt der Löwenzahn
Seinen Samen fort in die Luft.
Der ist so leicht wie Duft
Und sinnreich rund umgeben
Von Faserstrahlen, zart wie Spinneweben.

Und er reist hoch über euer Dach,
Von Winden, schon vom Hauch gepustet.
Wenn einer von euch hustet,
Wirkt das auf ihn wie Krach,
Und er entweicht.

Luftglücklich leicht.
Wird sich sanft wo in Erde betten.
Und im Nächstjahr stehn
Dort die fetten, goldigen Rosetten,
Kuhblumen, die wir als Kind übersehn.

Zartheit und Freimut lenken
Wieder später deren Samen Fahrt.

Flöge doch unser aller Zukunftsdenken
So frei aus und so zart.

Schindluder

Es war ein Pferd, das war ergraut
Und wurde deshalb abgebaut.
Man nahm zuerst ihm seine Haut.
O nein, da liegt ein Irrtum vor,
Weil es zuvor den Schwanz verlor.

Es schleppte Lasten, schwitzte Blut.
Das Roßfleisch schmeckt dem Hunger gut.

Die Peitsche hieb auf mürbe Knochen.

Dann ist das Pferd zusammenbrochen.

Aus dem Kadaver aber floh
Ein Pegasus, der furzte froh.

Warten auf Weißnichtwas

Ein Leierkasten wringt sich aus.
Es klingt nach Leben und Sterben.
Im Schutt im Winkel hinterm Haus
Liegen häßliche Scherben.

Am Fenster quält sich ein winziges Tier,
Läuft immer dieselbe Schleife.
Es klingelt. – Ein Armer bietet mir
Schnürsenkel an. Oder Seife.

Es ist nichts neu und nichts verstellt
An meinen Gegenständen.
Nichts lockt mich hinaus in die Außenwelt.
Nichts hält mich hinter vier Wänden.

Meine Musca Domestica

Hoch soll sie leben!
Auch tief darf sie leben,
Meine Stubenfliege in der Winterzeit.
Alle Sauberkeit
Darf sie schwarz verkleben.

Was mag sie denken?
Was mag sie lenken,
Wenn sie scheinbar sinnlos auf dem Frühstückstisch
Zwischen Braten, Käse, Milch und Fisch
Immer unbehelligt flugwirr flieht,
Aber plötzlich einen Tischtuchfleck beehrt,
Wo kein Mensch etwas Besonderes sieht?

Ist ein Krümelchen wohl eines Totschlags wert!?

Mag sie meinetwegen
Ihre Eier legen
Wann, wohin und wieviel ihr beliebt!

Immer noch studiere
Ich am kleinsten Tiere:
Welche himmelhohen Rätsel es gibt.

Schiff 1931

Wir haben keinen günstigen Wind.
Indem wir die Richtung verlieren,
Wissen wir doch, wo wir sind.
Aber wir frieren.

Und die darüber erhaben sind,
Die sollten nicht allzuviel lachen.
Denn sie werden nicht lachen, wenn sie blind
Eines Morgens erwachen.

Das Schiff, auf dem ich heute bin,
Treibt jetzt in die uferlose,
In die offene See. – Fragt ihr: »Wohin?«
Ich bin nur ein Matrose.

Und auf einmal steht es neben dir

Und auf einmal merkst du äußerlich:
Wieviel Kummer zu dir kam,
Wieviel Freundschaft leise von dir wich,
Alles Lachen von dir nahm.

Fragst verwundert in die Tage.
Doch die Tage hallen leer.
Dann verkümmert deine Klage …
Du fragst niemanden mehr.

Lernst es endlich, dich zu fügen,
Von den Sorgen gezähmt.
Willst dich selber nicht belügen
Und erstickst es, was dich grämt.

Sinnlos, arm erscheint das Leben dir,
Längst zu lang ausgedehnt. – –
Und auf einmal – –: Steht es neben dir,
An dich angelehnt – –
Was?
Das, was du so lang ersehnt.

Ehrgeiz

Ich habe meinen Soldaten aus Blei
Als Kind Verdienstkreuzchen eingeritzt.
Mir selber ging alle Ehre vorbei,
Bis auf zwei Orden, die jeder besitzt.

Und ich pfeife durchaus nicht auf Ehre.
Im Gegenteil. Mein Ideal wäre,
Daß man nach meinem Tod (grano salis)
Ein Gäßchen nach mir benennt, ein ganz schmales
Und krummes Gäßchen, mit niedrigen Türchen,
Mit steilen Treppchen und feilen Hürchen,
Mit Schatten und schiefen Fensterluken.

Dort würde ich spuken.

Kasperle-Verse (1933; gedr. 1939)

Ich komme und gehe wieder,
Ich, der Matrose Ringelnatz.
Die Wellen des Meeres auf und nieder
Tragen mich und meine Lieder
Von Hafenplatz zu Hafenplatz.

Ihr kennt meine lange Nase,
Mein vom Sturm zerknittertes Gesicht.

Daß ich so gern spaße
Nach der harten Arbeit draußen,
Versteht ihr das?
           Oder nicht?

Lustmord (1933)

Lustmord

Sie stänkerte. Dennoch habe ich sie –
Weil sie käuflich war – gekauft.
Und habe, vielleicht aus Ironie,
Sie »Mucker« getauft.

Ich riß ihr gierig mit rauher Hand
Die einzelnen Kleider herunter,
Zunächst ein leichtes Flittergewand,
Dann anderen, gröberen Plunder.

Und Rock und Röckchen nach Röckchen fiel
Herab. Ich riß und zerfetzte
Mit Wollust. Ich wollte – das war mein Ziel –
Das Nackte, das Wahre, das Letzte.

Doch immer, wenn ich das rosige Glück
Der Nacktheit zu schauen vermeinte,
Kam wieder noch irgend ein Kleidungsstück.
Ich wütete weiter, ich weinte.

Doch als ich sie völlig enthemdet
Hatte, blieb nichts, restlos nichts.
Und in dieses Nichts bohrt befremdet
Der Stachel meines Gedichts.

Jedoch erübrigt sich jede
Kritik, jeder Kommentar,
Weil die, von der ich hier rede,
Eine Zwiebel war.

Wir sind, sagen die Lauen (1933/34)

Wir sind, sagen die Lauen,
Wir sind nicht objektiv.
Wir sollten doch tiefer schauen,
Doch schauen, ob nicht tief
Am Nazitum was dran sei,
Ob Hitler nicht doch ein Mann sei.

Wir haben alles erwogen,
Wir wußten alles zuvor,
Mal hat man uns nicht betrogen,
Man machte uns nicht vor,
Daß rechts links und gerade schief sei
Und daß alles relativ sei.

Unrelative Lumpen hausen bei uns zu Haus,
Und hauen das Land in Klumpen.
Ist relativ der Graus?
Da sollen wir objektiv sein,
Wir sollen so naiv sein!

Wir kennen die einfache Wahrheit,
Wir sehn durch ein scharfes Glas.
Und unsere Lehre ist Klarheit,
Und unsere Klarheit ist Haß.
Der Haß, der groß und weitsichtig ist,
Der schaffende Haß, der richtig ist.

Gedichte, Gedichte von Einstmals und Heute (1934)

Spute dich!

Spute dich, ehe das Postamt schließt!
Wenn auch ein Anziehn für nur zehn Minuten
Und ein Pustegehtaus-Lauf verdrießt:
Minute spart Tage im Sputen.

Fertiggestellt und nicht abgeschickt – –,
Wem nützen halbe Sachen?
Freut man sich nicht nach Erwachen,
Wenn man schon Antwort auf gestern erblickt?
Freut man sich, wenn die Uhr nicht mehr tickt?

Versäume nichts, wenn dich der Moment
Mahnt. Irgendwer, der dich liebt und kennt,
Stirbt vielleicht fern, während du niest.
Ahnt vielleicht, daß du ihn nicht liebst. – –

Wenn du ihm jetzt schriebst,
Ihm, den du nicht wiedersiehst – –

Spute dich, ehe das Postamt schließt.

Abschiedsworte an Pellka

Jetzt schlägt deine schlimmste Stunde,
Du Ungleichrunde,
Du Ausgekochte, du Zeitgeschälte,
Du Vielgequälte,
Du Gipfel meines Entzückens.
Jetzt kommt der Moment des Zerdrückens
Mit der Gabel! – – Sei stark!
Ich will auch Butter und Salz und Quark
Oder Kümmel, auch Leberwurst in dich stampfen.
Mußt nicht so ängstlich dampfen.
Ich möchte dich doch noch einmal erfreun.
Soll ich Schnittlauch über dich streun?
Oder ist dir nach Hering zumut?

Du bist ein so rührend junges Blut. –
Deshalb schmeckst du besonders gut.
Wenn das auch egoistisch klingt,
So tröste dich damit, du wundervolle
Pellka, daß du eine Edelknolle
Warst und daß dich ein Kenner verschlingt.

Wie mag er aussehn

Wer hat zum Steuerbogenformular
Den Text erfunden?
Ob der in jenen Stunden,
Da er dies Wunderwirr gebar,
Wohl ganz – – – oder total – – war?

Du liest den Text. Du sinnst. Du spinnst.
Du grinst – »Welch Rinds'« – Und du beginnst
Wieder und wieder. – Eisigkalt
Kommt die Vision dir »Heilanstalt«.

Für ihn? Für dich? – Dein Witz erblaßt.
Der Mann, der jenen Text verfaßt,
Was mag er dünkeln oder wähnen?
Ahnt er denn nichts von Zeitverlust und Tränen?

Wir kommen nicht auf seine Spur.
Und er muß wohl so sein und bleiben.
Auf seinen Grabstein sollte man nur
Den Text vom Steuerbogen schreiben.

Pinguine

Auch die Pinguine ratschen, tratschen,
Klatschen, patschen, watscheln, latschen,
Tuscheln, kuscheln, tauchen, fauchen
Herdenweise, grüppchenweise
Mit Gevattern,
Pladdern, schnattern
Laut und leise.
Schnabel-Babelbabel-Schnack,
Seriöses, Skandalöses, Hiebe, Stiche.

Oben: Chemisette mit Frack.
Unten: lange, enge, hinderliche
Röcke. – Edelleute, Bürger, Pack,
Alte Weiber, Professoren.

Riesenvolk, in Schnee und Eis geboren.
Sie begrüßen herdenweise
Ersten Menschen, der sich leise
Ihnen naht. Weil sie sehr neugierig sind.
Und der erstgesehene Mensch ist neu.
Und Erfahrungslosigkeit starrt wie ein kleinstes Kind
Gierig staunend aus, jedoch nicht scheu.

Riesenvolk, in Schnee und Eis geboren,
Lebend in verschwiegener Bucht
In noch menschenfernem Lande.
Arktis-Expedition. – Revolverschuß –:
Und das Riesenvolk, die ganze Bande
Ergreift die Flucht.

So ist es uns ergangen

So ist es uns ergangen.
Vergiß es nicht in beßrer Zeit! –
Aber Vöglein singen und sangen,
Und dein Herz sei endlos weit.

Vergiß es nicht! Nur damit du lernst
Zu dem seltsamen Rätsel »Geschick«. –
Warum wird, je weiter du dich entfernst,
Desto größer der Blick?

Der Tod geht stolz spazieren.
Doch Sterben ist nur Zeitverlust. –
Dir hängt ein Herz in deiner Brust,
Das darfst du nie verlieren.

Großer Vogel

Die Nachtigall ward eingefangen,
Sang nimmer zwischen Käfigstangen.
Man drohte, kitzelte und lockte.
Gall sang nicht. Bis man die Verstockte
In tiefsten Keller ohne Licht

Einsperrte. – Unbelauscht, allein
Dort, ohne Angst vor Widerhall,
Sang sie
Nicht – –,
Starb ganz klein
Als Nachtigall.

Fahrt mit Daddeldu
(Rumba)

Alle Mann an Deck!
Unser Schiff ist leck –
Neunzehnhundertzweiunddreißig – Rumba!
Eh wir untergehn,
Wolln wir uns noch drehn
Im Orkan – Windstärke 12 – im Rumba.

Kuttel Daddeldu
Klebt das Schiffsleck zu
Und steigt in den Mastkorb mit der Buttel.
Alles jubelt laut.
Durch die Buttel schaut
Nach dem Kap der Hoffnung unser Kuttel.

Und das Schifflein rollt.
Alles tanzt und tollt.
Schöne Nixen knicksen auf und nieder,
Und der Kapitän
Schmunzelt souverän.
Duddeldu singt furchtbar laute Lieder.

Flucht

Du segelst allein. Es soll niemand dabei sein.
Doch tausende Fischlein begleiten dein Boot ein Stück
Des Weges. Aber du willst ganz frei sein,
Schaust weder nach rechts noch nach links noch zurück.

Nur fort! Nur weiter! Du willst das Vergangene
Vergessen. Fort! Du glaubst an den rechten
Gradaus fliehenden Weg ins Glück.

Hinter dir, hinter Glas und Draht und Eisengeflechten
Blicken dir lange nach: Gefangene.

Du glaubst deiner Richtung. – Mit Hilfe des Windes,
Der Strömung segelst du weiter und reist
Und reist und reist. Und die Sehnsucht des Kindes
Erkennt sich allmählich, altert, vergreist.

Nun und? – Aber die Wellen umspielen
Dein Boot. Es folgen dir Himmel und Licht.
Fremde Ziele passierst du. Von deinen Zielen
Das schönste, das einzige – kommt nicht in Sicht.

Hering in der Nordsee? Papagei
In Aschaffenburg? – – Wer ist ganz frei?

Hafenkneipe

In der Kneipe »Zum Südwester«
Sitzt der Bruder mit der Schwester
Hand in Hand.
Zwar der Bruder ist kein Bruder,
Doch die Schwester ist ein Luder
Und das braune Mädchen stammt aus Feuerland.

In der Kneipe »Zum Südwester«
Ballt sich manchmal eine Hand,
Knallt ein Möbel an die Wand.

Doch in jener selben Schenke
Schäumt um einfache Getränke
Schwer erkämpftes Seemannsglück.
Die Matrosen kommen, gehen.
Alles lebt vom Wiedersehen.
Ein gegangener Gast sehnt sich zurück.

Durch die Fensterscheibe aber träumt ein Schatten
Derer, die dort einmal
Oder keinmal
Abenteuerliche Freude hatten.

Tafel 1: Hafenkneipe, 1933

Tafel 2: Exotische Frauen, o. J.

Tafel 3: Fremde, 1928

Tafel 4: Urwald, 1928

Tafel 5: Das Opfer, 1926

Tafel 6: Kühe im Nebel, o. J.

Tafel 7: Möwen, 1932

Tafel 8: Treibende Schollen, 1928

Tafel 9: Messingberg, o. J.

Tafel 10: Letzte Fahrt, 1926

Tafel 11: Seegang, o. J.

Tafel 12: Fasching im Schnee, 1926

Tafel 13: Drei blaue Männer, o. J.

Tafel 14: Eines Abends, 1926

Tafel 15: Märchen, o. J.

Tafel 16: Himmelsbrücke, 1927

Verzeichnis der Druckvorlagen

Hans Bötticher: Gedichte. München/Leipzig: Sachs, 1910.

Die Schnupftabaksdose. Stumpfsinn in Versen und Bildern von Hans Bötticher und R. J. M. Seewald. München: Piper, 1912.

Ein jeder lebt's. Novellen von Hans Bötticher. München: Langen, 1913.

Die Woge. Marine-Kriegsgeschichten von Hans Bötticher. München: Langen, 1922.

Joachim Ringelnatz: Turngedichte. Mit 17 Zeichnungen von Karl Arnold. München: Wolff, 1923. – Zum Teil schon publiziert in: Joachim Ringelnatzens Turngedichte. Berlin-Wilmersdorf: Meyer, 1920.

– Kuttel Daddeldu. Mit 25 Zeichnungen von Karl Arnold. München: Wolff, 1923. – Zum Teil schon publiziert in: Kuttel Daddeldu oder das schlüpfrige Leid. Berlin-Wilmersdorf: Meyer, 1920. – Die gebatikte Schusterpastete. Berlin-Wilmersdorf: Meyer, 1921.

– Kuttel Daddeldu erzählt seinen Kindern das Märchen vom Rotkäppchen und zeichnet ihnen sogar noch dazu. Berlin-Wilmersdorf: Meyer, 1923. [9. von 10 handgeschriebenen Exemplaren mit leichten Abweichungen und unterschiedlichen Illustrationen.] – Sammlung Karsch, Galerie Nierendorf, Berlin.

– …liner Roma… Mit 10 Bildern von ihm selbst. Hamburg: Asmus, 1924.

Geheimes Kinder-Spiel-Buch. Für Kinder von 5 bis 15 Jahren gedichtet und bebildert von Joachim Ringelnatz. Potsdam: Kiepenheuer, 1924.

Joachim Ringelnatz: Nervosipopel. 11 Angelegenheiten. München: Langes, 1924.

– Reisebriefe eines Artisten. Berlin: Rowohlt, 1927.

– Allerdings. Berlin: Rowohlt, 1928.

– Steine am Meer. Essay mit Gedicht Steine am Meeresstrand. In: Das illustrierte Blatt 17 (28.9.1929) Nr. 39.

Joachim Ringelnatz: Flugzeuggedanken. Berlin: Rowohlt,
1929.
– An Mächtige. In: Die literarische Welt 6 (5.9.1930) Nr. 36.
– Kinder-Verwirr-Buch. Berlin: Rowohlt, 1931.
– Gedichte dreier Jahre. Berlin: Rowohlt, 1932.
– Lustmord. [Einzelblatt. Um 1933.] – Sammlung Gescher-
Ringelnatz, Berlin.
– Wir sind, sagen die Lauen. [Typoskript. Um 1933/34.] –
Sammlung Gescher-Ringelnatz, Berlin.
– Gedichte, Gedichte von Einstmals und Heute. Berlin: Ro-
wohlt, 1934.
Der Nachlaß von Joachim Ringelnatz. Berlin: Rowohlt, 1935.
Joachim Ringelnatz: Kasperle-Verse. Berlin: Die Waage, 1939.

Zu den Abbildungen

Ringelnatz' Illustrationen aus *Kuttel Daddeldu erzählt seinen Kindern das Märchen vom Rotkäppchen* (1923; hier nach dem Manuskript Nr. 9, Sammlung Karsch-Nierendorf) und aus *...liner Roma...* (1924) sind komplett aus den Druckvorlagen übernommen, der *Osterhase* (im vorliegenden Band S. 225) stammt aus dem *Kinder-Verwirr-Buch* (1931). Der Abdruck der Zeichnung *Fußball* (S. 9) von Otto Linnemann, um 1930, erfolgt mit Genehmigung des Rechteinhabers.

Die nachfolgenden Bildnummern beziehen sich auf die Farbtafeln nach S. 260.

1 *Hafenkneipe*, 1933, Öl auf Leinwand, 52 × 58 cm (Hamburger Kunsthalle)
   Das Gemälde galt zu dem Zeitpunkt, als dieser Band zuerst gedruckt wurde, als verschollen (siehe hier S. 291). Erst 2005 tauchte es in einer Auktion auf.

2 *Exotische Frauen*, o. J., Aquarell, 17,8 × 26,8 cm (Sammlung Gescher-Ringelnatz, Berlin)

3 *Fremde*, 1928, Öl auf Leinwand, 56 × 62 cm (Sammlung Gescher-Ringelnatz, Berlin)

4 *Urwald*, 1928, Öl auf Leinwand, 53,5 × 59,5 cm (Sammlung Gescher-Ringelnatz, Berlin)

5 *Das Opfer* (auch: *Schlangenbeschwörer*), 1926, Öl auf Leinwand, 47,5 × 38,5 cm (Privatbesitz)

6 *Kühe im Nebel* (auch: *Wie in der ersten Frühe*), o. J., Aquarell, 29 × 41,2 cm (Privatbesitz, als Dauerleihgabe im Joachim-Ringelnatz-Museum, Cuxhaven)

7 *Möwen*, 1932, Aquarell, 25 × 33,5 cm (Privatbesitz, als Dauerleihgabe im Joachim-Ringelnatz-Museum, Cuxhaven)

8 *Treibende Schollen* (auch: *Eismeer*), 1928, Öl auf Leinwand, 68,5 × 63,5 cm (Sammlung Gescher-Ringelnatz, Berlin)

9 *Messingberg* (auch: *Eine Sage*), o. J., Öl auf Leinwand, 54 × 65 cm (Joachim-Ringelnatz-Museum, Cuxhaven)

10 *Letzte Fahrt*, 1926, Öl auf Leinwand, 44 × 51,2 cm (Privatbesitz)

11 *Seegang*, o. J., Öl auf Leinwand, 41 × 50,3 cm (Joachim-Ringelnatz-Museum, Cuxhaven)

12 *Fasching im Schnee*, 1926, Öl auf Leinwand, 35 × 41 cm (Joachim-Ringelnatz-Museum, Cuxhaven)

13 *Drei blaue Männer* (auch: *Boxkampf*), o. J., Aquarell, 17,3 × 21,3 cm (Privatbesitz)

14 *Eines Abends* (auch: *Frau mit Schaf*, *Begegnung*), 1926, Öl auf Leinwand, 40 × 50 cm (Kulturgeschichtliches Museum, Wurzen)

15 *Märchen* (auch: *Mondnacht*), o. J. (1932?), Öl auf Leinwand, 36,5 × 53,5 cm (Privatbesitz)

16 *Himmelsbrücke*, 1927, Öl auf Leinwand, 36,5 × 41,5 cm (Sammlung Gescher-Ringelnatz, Berlin)

Der Verlag Philipp Reclam jun. dankt für die Nachdruck- und Reproduktionsgenehmigung den Rechteinhabern, die durch den Text- bzw. Bildnachweis und einen folgenden Genehmigungsvermerk bezeichnet sind. In einigen Fällen waren die Inhaber der Rechte nicht festzustellen; hier ist der Verlag bereit, nach Anforderung rechtmäßige Ansprüche abzugelten.

Nachwort

Schon 1923 lieferte ein unbekannter Rezensent im *Prager Tagblatt* einen Hinweis darauf, was man bei der Lektüre der Gedichtbände von Joachim Ringelnatz unbedingt beachten sollte: »auf der Diele muß ein dicker Teppich liegen, damit man gelegentlich kopfstehen und mit den Beinen strampeln kann.«[1] Ein Ehrenplatz im Olymp der literarischen Hochkomik war 1923 für Joachim Ringelnatz längst schon reserviert, und der ist ihm nie streitig gemacht worden. Kaum jemand wird Einspruch erheben, wenn man ihn unter das lustigste Dutzend der deutschen Dichter des 20. Jahrhunderts zählt.

Wer aber käme auf die Idee, Joachim Ringelnatz auch nur unter das erste halbe Hundert der *ernsthaften* Schriftsteller im Allgemeinen oder Lyriker im Besonderen des vergangenen Säkulums zu rechnen? Nur wenige – aber bezeichnenderweise finden sich große Namen unter denjenigen, die vor Ringelnatz zu dessen Lebzeiten und später tief den Hut gezogen haben oder ziehen. Der Kritiker Oskar Loerke (1884–1941) notierte schon 1924 verwundert über Ringelnatz' Anhängerschaft: »Künstler, die zwanzigmal bedeutender sind als er, behaupten überzeugt und selbstlos, er sei zehnmal bedeutender als sie. Wie kommt das?«[2] Ja, wie kommt das? Höchstes Lob zum Beispiel von Hermann Hesse, Erich Kästner, Alfred Kerr, Peter Rühmkorf, Kurt Tucholsky und Carl Zuckmayer? Das mag daran liegen, dass Schriftsteller besonders genaue und einsichtige

Leser sind, vielleicht auch daran, dass sie den *ganzen* Ringelnatz gelesen und ihr Urteil nicht nur auf die allbekannten Gassenhauer aus *Kuttel Daddeldu* und den *Turngedichten* gegründet haben.

Glücklich war Ringelnatz nicht damit, dass man ihn nur dann für ernst nahm, wenn er komisch war, dass man seine vielen zarten und nachdenklichen Verse vielfach ignorierte, dass sein vielleicht ambitioniertester Text, der kurze Großstadtroman *...liner Roma...*, von der Kritik zerrissen wurde und sich extrem schlecht verkaufte. Das war wohl die Schattenseite seines Ruhmes als anarchischer, scharfzüngiger Witzbold: den ernsthaften Dichter mochten ihm nur wenige abnehmen. Es liegt eine gewisse Ironie der Rezeptionsgeschichte darin, dass der Dichter Joachim Ringelnatz fast von Beginn seiner Erfolgslaufbahn an tief im Schatten seines wichtigsten, vom Publikum meistgeliebten Protagonisten stand. Der wüste, stets besoffene Seemann Kuttel Daddeldu erschien vielen Lesern und Zuschauern als 1:1-Abbild seines Erfinders. Und einem solch derben Klotz hörte man kaum zu, wenn er zartere Töne anschlug. Diese Rolle konnte er (oft auch im Privatleben) deshalb so trefflich verkörpern, weil sie haargenau auf den Leib passte, auf den sie geschrieben worden war. Die Erfindung Kuttel Daddeldu ist durchaus ein wenngleich verzerrtes, karikaturhaft überzeichnendes Spiegelbild des Erfinders Joachim Ringelnatz, in das auch manche Sehnsüchte und unerfüllte Träume eingeschrieben sind.

Deshalb war er selbst nicht ganz schuldlos daran, dass mancher ihn für einen literarischen Leichtmatrosen nehmen zu können glaubte; er hat den Irrtum, Kuttel Daddeldu sei keine erfundene Gestalt, sondern nur ein noch etwas skurrilerer Name für einen ohnehin schon merkwürdig benannten Sonderling und Trunkenbold, nicht nur billigend in Kauf genommen, sondern sogar befördert. Denn mit Kuttel hat er nicht nur Ruhm geerntet, sondern auch viel Geld verdient. Kuttel gab ihm Arbeit; das Publikum war begierig danach, ihn immer wieder auf der Bühne zu sehen. Und die Rezensenten überschlugen sich in Lobeshymnen für diese Auftritte, in denen Ringelnatz ganz alleine auf den Brettern stand, mit sparsamster Requisite und explosivem Temperament. Kurt Pinthus (1886–1975), einer der wichtigsten Literaturkritiker der 1920er-Jahre, vermittelt in seiner Kritik einen lebendigen Eindruck davon, was es dann zu erleben gab:

… kommt einer aufs Podium in Matrosenbluse, die offenklaffend nackt tätowierte Brust zeigt; ein Geiernasenzinken hakt unter stirngekämmter Tolle weit über den zurückweichenden Mund, der in einem gebogenen Kinn wieder nach vorn stößt. Mit einem Weinglas in der Hand tritt er auf und mit dem winzigen Holzmodell eines Barrens, daran ein bewegliches Turnerchen baumelt. Blauer Dunst wolkt um ihn, verwirrt und verlegen flimmert sein glasig-blaues Auge, bis den dünnen Lippen Gedichte entquellen, bald brüllend hingeschmettert, bald schüchtern verhallend, immer aber mit suchender Versunkenheit aufgesagt, so, als dichte er jene ungeheuerlichen Visionen, jene kolossalen Späße versweise gerade jetzt aus sich heraus, um unser Gemüt und Zwerchfell mit schauerlichen und abrupten Trommelschlägen zu erschüttern. Mit rauhem, monotonem Pathos, das durch innere Konzentration wirkt, spricht er seine Poesien wie Hymnen oder Litaneien, während die Hände mit zaghaften kleinen Bewegungen das Gesagte illustrieren, unterstreichen, durchstreichen. Zwischen die Gedichte und einzelnen Verse flicht er glossierend derbe Improvisationsspäße; kümmelt, jedesmal wenn vom Trinken die Rede ist, aus dem Weinglas; bricht plötzlich, mit den Händen abwehrend, am Gedichtende ab, flüsternd, es tauge nichts; und unter der Begründung, gutes Benehmen sei die Hauptsache, gurgelt er grollend einen tüchtigen Schluck.

Ringelnatz ist zunächst durch Turngedichte berühmt geworden, die, bei Freiübungen und Geräteturnen aufzusagen, harmlos-spaßig tönen und dennoch eine grausige Verhöhnung des Bürgertums sind, etwa wie die Zeichnungen des *George Gross* [!]. Dann gibt es die Poesien über den Seemann Kutteldaddeldu, der mit kindlicher Brutalität verschmitzt-robuste Abenteuer in allen Erdteilen, in den Häfen und der Heimat ausfrißt [...] und es gibt nervenpeitschende Bekenntnisse armseliger Wesen, die in grotesker Schauerlichkeit und verzweifelter Naivität jenes von uns kaum geahnte erbarmungslose Elend der großen Städte fühlbar machen.[3]

Kurt Pinthus hat auch die vielen dunklen Töne im Werk von Joachim Ringelnatz gehört und gebührend gewürdigt; zu Recht weist er auf Gemeinsamkeiten zwischen vielen seiner Texte und den Zeichnungen von George Grosz (1893–1959) hin, denn die beiden waren in mancher Hinsicht Brüder im Geiste (und kannten sich gut). Beide, Grosz und Ringelnatz, waren (wie beispielsweise

Bertolt Brecht, Otto Dix, Erich-Maria Remarque, Ludwig Renn und Theodor Plivier) Künstler, die in den 1920er- und frühen 30er-Jahren zu den scharfsichtigsten und rigorosesten Kommentatoren ihrer Gegenwart zählten. Zu vielen derjenigen Texte und Bilder, die in diesen Jahren entstanden, wird man nur dann Zugang finden, wenn man um die historischen Entstehungszusammenhänge weiß und um den Lebenslauf ihrer Schöpfer, die im friedvoll-behaglichen, politisch verkrusteten Kaiserreich geboren worden waren, das Grauen des Völkermords im Ersten Weltkrieg ebenso wie das Elend der Folgejahre miterlebt, den Aufbruch in die Demokratie gefeiert hatten und nun mit Entsetzen sahen, wie der Nationalsozialismus erstarkte. Die Biographie von Joachim Ringelnatz besitzt insofern beispielhaften Charakter für diese Künstlergeneration (wenn sie auch besonders reich an abenteuerlichen Ab- und Irrwegen war).

Sachse, Seemann und Artist – das kurze Leben des Joachim Ringelnatz

Gutbürgerlich wie sein Geburtsname Hans Gustav Bötticher (Joachim Ringelnatz nannte er sich erst nach Ende des Ersten Weltkriegs) war auch die wohlhabende Familie, als deren zweiter Sohn er am 7. August 1883 in Wurzen bei Leipzig geboren wurde. Sein Vater Georg belieferte Fabriken vieler Länder mit Musterzeichnungen für Tapeten, Teppiche und Möbel und zählte zu den bekanntesten Kinderbuchautoren seiner Zeit; seine kunstsinnige Mutter Rosa Maria war die Tochter eines

wohlhabenden Sägewerksbesitzers in Tilsit. Schon in
seiner Kindheit, die von einer liberalen Erziehung ge-
prägt war, entwickelte er künstlerische Talente. In der
Zeitschrift *Kinderlust* und in *Auerbach's Deutschem
Kinderkalender* (den sein Vater herausgab) veröffent-
lichte er schon ab 1897 erste eigene Werke; Fest- und
Geburtstage pflegte er in langen, illustrierten Gedichten
zu kommentieren, die – bei aller kindlichen Naivität –
verraten, dass er ein eifriger Leser gewesen sein muss
und wohl auch ein frühes Faible für Heinrich Heine ent-
wickelt hatte.

Eingeschult wurde er in Leipzig, wohin die Familie
alsbald umgezogen war. Seine Lehrer haben es offenbar
nicht leicht gehabt mit dem aufmüpfigen und frechen
Kind – sollte nur ein kleiner Teil derjenigen Anekdoten,
die aus dieser Zeit überliefert sind, der Wahrheit ent-
sprechen, müssen sie heilfroh gewesen sein, als sie ihn
nach zweimaligem Sitzenbleiben mit der Mittleren Reife
und im Alter von 13 Jahren endgültig des Gymnasiums
verweisen konnten. Im Klassenbuch wurde vermerkt:
»ein Schulrüpel ersten Ranges; aus lauter Ungezogen-
heiten zusammengesetzt«.[4]

Schon als kleiner Junge hatte Hans Bötticher sich für
Exotik und ferne Welten interessiert, hatte Abenteu-
erromane verschlungen und seine Freizeit im Leipziger
Zoo verbracht. So war es einerseits eine Erfüllung seiner
Wünsche, andererseits aber auch eine erzieherische
Maßnahme für den unbotsamen Jüngling, dass seine
Familie ihn nun zur See schickte. Im Jahre 1901 fuhr er
als Schiffsjunge auf dem Segelschiff *Elli* nach Mittel-
amerika. In der autobiographischen Schrift *Was ein
Schiffsjungen-Tagebuch erzählt* hat er festgehalten, wie

schwer das Leben an Bord war. Härteste Arbeit, Schikanen, Hunger, Prügeleien und andere scharfe Strafen
prägten das Leben auf der *Elli*; überdies wurde der
Schiffsjunge permanent ob seines schweren sächsischen
Dialektes und seiner Kleinwüchsigkeit gehänselt (er
maß auch als Erwachsener keine 160 Zentimeter). In
Belize floh er vom Schiff, wurde aber rasch wieder eingefangen. Alle Illusionen, die er von der christlichen
Seefahrt gehabt hatte, hatten sich sehr rasch in Nichts
aufgelöst. Die Sehnsucht nach der Ferne und der Hang
zur Exotik haben sich allerdings erhalten, und viele seiner Bilder und Gedichte berichten davon, dass er trotz
allem zeitlebens ein Seemann aus Passion geblieben ist.
Nach seiner Zeit auf der *Elli* heuerte er auf einer Reihe
anderer Schiffe an und trieb sich bis 1903 auf den
Weltmeeren herum; 1904 diente er als Einjährig-Freiwilliger bei der Kaiserlichen Marine in Kiel, wo er 1905
zum Bootsmannsmaat befördert wurde.

Wenn er gerade nicht zur See fuhr, probierte er jeden
nur erdenklichen Job aus, den man sich vorstellen kann.
Besonders nach 1905 brachte er es auf eine höchst beachtliche Zahl abgebrochener Laufbahnen, und später
konnte er ohne Übertreibung von sich behaupten, sich
in 35 Berufen versucht zu haben, bevor es ihm gelang,
von seiner Kunst zu leben. Er jobbte auf dem Jahrmarkt
und war (in alphabetischer Reihenfolge) zeitweise Archivar, Bänkelsänger, Bibliothekar, Buchhalter, Fremdenführer, Gartenbaugehilfe, Kaufmann, Kommis, Musiker, Postler, Reisebüroangestellter, Schaufensterdekorateur, Unternehmer, Verlagsangestellter, Werbetexter
und manches andere; mal war er arbeitslos, mal wanderte er für ein paar Tage ins Gefängnis. Nur denjenigen

Beruf, den er wirklich ausüben wollte, konnte er in dieser Zeit noch nicht ergreifen: den des Dichters. Unter vielen Pseudonymen produzierte er Texte in großer Fülle – kaum jemand wollte sie lesen, und kaum jemand war bereit, ihn dafür zu bezahlen.

Aber im Jahre 1909, als er nach München gezogen war, begann ein wenn auch zunächst kleines Publikum, sein Bühnentalent zu entdecken. Auf den Brettern der berühmten Schwabinger Künstlerkneipe *Simplicissimus* in der Türkenstraße trug er vor allem Nonsensreime und Gelegenheitsgedichte vor, mit denen er rasch große Beliebtheit erlangte. In einem feierlichen Akt erhielt er von der Wirtin Kathi Kobus (1885–1929) gar den Lorbeerkranz aufgesetzt, als er zum Hausdichter gekrönt wurde. Zu dieser Zeit betrieb er auch das legendäre *Tabackhaus zum Hausdichter*, mehr ein Kuriositätenkabinett, dessen Schaufenster und Auslagen mit merkwürdigen Seemannsandenken, u. a. einem ausgestopften Krokodil und einem menschlichen Skelett, dekoriert waren. »(Bisher noch kein Todesfall). [...] Treffpunkt der gebildeten Raucherwelt. Damen und Herren werden auf Wunsch gegen Bezahlung angedichtet. Jedermann wird gebeten, recht zahlreich zu erscheinen« – so stand es auf den Werbezettelchen zu lesen, die er verteilte. Aber die gebildete Raucherwelt war offenbar keine kaufkräftige Klientel, und das Etablissement in der Schellingstraße war alsbald bankrott.

Zwischen 1910 und 1913 erschienen nun die ersten eigenständigen Bücher Hans Böttichers: *Gedichte*, *Was ein Schiffsjungen-Tagebuch erzählt*, *Die Schnupftabaksdose* und der bemerkenswerte Novellenband *Ein jeder lebt's*, auch die noch sehr konventionellen Kinderbücher

Kleine Wesen und *Was Topf und Pfann' erzählen kann.*
Aber der August 1914 beendete die beginnende Schrift-
stellerkarriere, zumindest vorläufig: »Denn nun war
wirklich der Krieg erklärt. Ich dachte an Kriegsroman-
tik und Heldentod, und meine Brust war bis an den
Rand mit Begeisterung und Abenteuerlust gefüllt.«[5]
Diese anfängliche, heute fast unbegreifliche Euphorie
für den Krieg teilte Hans Bötticher mit einem Großteil
des deutschen Volkes, auch mit vielen Schriftsteller- und
Künstlerkollegen: Ob Bertolt Brecht oder Gerhart
Hauptmann, Otto Dix oder George Grosz – sie alle ju-
belten siegesgewiss dem Kaiser zu, als der sie an die
Front rief.

Hans Bötticher hat ein Kriegstagebuch geführt, das er
dann 1928 geringfügig überarbeitet und publiziert hat,
zu einem Zeitpunkt, als große Teile der deutschen Pu-
blizistik die Öffentlichkeit mit kriegsverherrlichenden
Schriften zu überschwemmen begannen. Der Pressezar
Alfred Hugenberg war zum Vorsitzenden der *Deutsch-
nationalen Volkspartei* gewählt worden; im politischen
Bündnis mit dem *Stahlhelm*-Bund und den Nazis, die
immer mehr kommunale Wahlen gewannen, nahm sein
Zeitungsimperium die Weimarer Republik unter ein
propagandistisches Sperrfeuer über ›Dolchstoß-Theo-
rie‹ und den ›Schandvertrag‹ von Versailles, forderte ei-
ne radikale Aufrüstung und die Rückkehr Deutschlands
in den Rang einer politischen und militärischen Welt-
macht. Schriftsteller wie Werner Beumelburg, Ernst
Jünger, Franz Schauwecker und Hans Zöberlein ver-
klärten den Ersten Weltkrieg in dieser Zeit zu einem my-
thischen Ereignis und vergötterten die Frontkämpfer als
Lichtgestalten, deren Sterben und (seltenes) Überleben

der Züchtung einer stahlharten Herrenrasse gedient habe. Hans Bötticher, der sich nun seit fast einem Jahrzehnt »Joachim Ringelnatz« nannte, schrieb mit *Als Mariner im Krieg* ein ganz anderes Buch. Auch im Verlag Ernst Rowohlts war man zutiefst irritiert, als das Manuskript eintraf – und schlug dem Autor massive Kürzungen vor. Daraufhin schrieb dieser an Ernst Rowohlt:

Die Kürzungen sind zweifellos sehr geschickt ausgeführt. Aber dennoch sehe ich mit richtiger Trauer, wie sehr die Seele meines ganzen Tagebuches unter diesen Weglassungen gelitten hat. Man könnte das ganze Buch unterdrücken. Ein Drama, einen Roman könnte man kürzen. Aber dieses sachliche, wahre Zeitdokument, mit dem wir's hier zu tun haben, zu kürzen, erscheint mir jetzt ein nicht wieder gutzumachender Leichtsinn. Gerade das Überzeugende der Kleinnotizen, des Kleinhistorischen und des Persönlichen an diesem Tagebuche ginge damit verloren. Lieber Herr Rowohlt, Ich möchte Sie gern überreden, von der geplanten Kürzung meines Manuskriptes ganz abzusehen. Nicht aus Autorenstolz, aus Eitelkeit oder irgend einem rein persönlichen Grunde, sondern weil ich fest davon überzeugt bin, daß wir diese Kürzungen später bereuen müssen. Ich weiß, wie lange, langweilige Seiten in dem Manuskript enthalten sind, aber sie geben doch [...] jene aufreibend langödigen Perioden des Kriegsteilnehmers wieder. Es scheint gänzlich uninteressant, wenn ich von einem Tag als Einziges und Deprimierendes berichte, daß mir ein Schnürsenkel platzt, aber zehn Jahre spä-

ter wird auch das einen Leser interessieren, weil es da-
zu beiträgt, seelische und äußerliche Zustände einer
Phase dieser Seemanns-Kriegszeit zu veranschauli-
chen. Je mehr die Zeit den Kriegserinnerungen ent-
wächst, desto mehr wird heute noch Langweiliges an
Bedeutung gewinnen. Sie können sich denken, daß ich
nicht so viel Worte um eine Frage verschwenden wür-
de, wenn sie mir nicht für Sie mindestens ebenso
wichtig erschiene wie für mich.[6]

Er hatte im Krieg nichts Mythisches und nichts Herr-
liches erlebt – die Jahre 1914 bis 1918 waren für ihn
eine unendliche Aneinanderreihung von Sinnlosem, von
Grausamkeit, Ödnis und propagandistischer Verlogen-
heit gewesen. Genau so hat er seine Jahre bei der
Kriegsmarine protokolliert, ohne jede dramatische
Beschleunigung, ohne Beschönigungen eigener Dumm-
heit und Naivität, ohne romaneske Spannungsmittel.
Obwohl Ernst Rowohlt skeptisch blieb, vermochte
Ringelnatz den ungekürzten Abdruck des Textes durch-
zusetzen. Die Reaktionen vieler Rezensenten gaben ihm
Recht. »So war der Krieg«, bestätigte Robert Breuer
1928 in der liberalen Zeitschrift *Deutsche Republik*: »ein
Chaos der Nichtigkeiten, eine Hekatombe des Narren-
tums, eine Apotheose des Wahns, ein Schrei nach der
Größe und ein Ersticken an Belanglosigkeiten«.[7]
An der deutschen Nordseeküste, wo Hans Bötticher
zumeist stationiert gewesen war, wurden keine großen
Schlachten geschlagen. Der Kaiser liebte seine stolze
Flotte viel zu sehr, um ihren Untergang zu riskieren;
wie viele andere Mariner verbrachte Hans Bötticher
die meiste Zeit an Land oder fuhr auf notdürftig kriegs-

tüchtig gemachten Fischerbooten und Schleppern zum
Minensuchen oder -legen (wobei die unberechenbar
vertreibenden Minen hohen Blutzoll bei den eigenen
Kameraden forderten: Durch die Minensperre in der
Nordsee sanken weit mehr deutsche als feindliche
Schiffe). Wenige Absätze mögen verdeutlichen, wie
lapidar Joachim Ringelnatz das Kriegsgeschehen schil-
derte:

> Immer wieder antreten, abzählen, stillstehen, wäh-
> rend lange, nach Feldwebelschweiß riechende Listen
> verlesen wurden, exerzieren in der Hitze, Kohlen
> schaufeln oder ›Wache schieben‹. [...] Man las etwas
> Zeitung, las über Lüttich und vom Sinken eines engli-
> schen Dampfers. Aber die Begeisterung flammte nicht
> auf, wir waren in unserer Mühle abgestumpft und
> müde [...]. Das Essen blieb sich zum Überdruß
> gleich. Einige reinigten ihre Blechschüsseln im Sande
> des Hofes, andere sah man mit dem Tischmesser auch
> Stiefelsohlen und Fingernägel beschneiden.[8]

> Auf dem Exerzierplatz herrschte ein gelles Durch-
> einander von Kommandos und Rufen. Man sah komi-
> sche Szenen. In einem Winkel abseits, ganz allein,
> machte ein Mann dauernd Kniebeuge, streckte dabei
> einen Schemel von sich und brüllte im Takt dazu un-
> aufhörlich: ›Jawohl, Herr Kapitän!‹ Das war offenbar
> eine Strafübung für zu leises Sprechen. Nun hatte man
> aber den Mann vergessen, und von Rechts wegen muß
> er bis zu seinem Tode dort Kniebeuge machen und
> Schemel strecken: ›Jawohl, Herr Kapitän!‹[9]

Es war wieder ein Suchboot von uns gesunken. Ich wurde mit zu dem Militärbegräbnis eines getöteten Heizers abkommandiert. Das war eine steife und alberne Zeremonie mit einem langen Trauerzug und Trauermarsch mit Trauermusik. Ich hörte, wie der Pfarrer, als er verspätet eintraf, den kommandierenden Offizier leise fragte: ›Wie heißt der Tote? Woran starb er?‹ und drei Minuten später besprach und beleuchtete er mit bewegten Worten eingehend das Schicksal des Dahingeschiedenen. Müde vom Stehen und Marschieren, sonst aber heiter, schritten unsere Soldaten zur Kaserne zurück.[10]

Es war ein imposanter Anblick, als das große Schlachtschiff ›Baden‹ mit der Kaiserstandarte im Topp ganz vorsichtig langsam heranglitt. Auf den Decks standen hohe Militärs mit dicken Ärmelstreifen und breiten roten Hosenstreifen allzu noncholant [!] herum. Der Kaiser in Großadmiralsuniform und mit dem Großadmiralsstab in der Hand verließ das Schiff. Er kam mir sehr ernst und sehr eitel vor. Er schritt rasch die aufgestellten Reihen ab [...]. ›Guten Morgen, Matrosen!‹ grüßte er, obwohl es halb acht Uhr abends war, und ich hörte deutlich, wie von den Leuten, die allerdings schon seit morgens dort angetreten standen, viele statt Hurra ›Hunger‹ riefen. So viel bemerkte ich. [...] Es gab dann noch eine große Aufregung in Kuxhaven [!], weil Majestät nach einem geräucherten Aal verlangte und ein solcher – wenigstens in kaiserwürdiger Größe – nicht aufzutreiben war.[11]

Das hat nichts Heroisches. Die Rechtspresse empfand das als unerträgliche Provokation, und nationalistische Kritiker überboten sich gegenseitig in Hasstiraden:

> Dies ist die masochistisch-offene Arbeit eines Menschen, der sich in jeder Zeile herabreißt, was seine Blöße deckt: Seht, wie weich, wie quallig, wie mutlos, wie schwach gegen mich und andere ich bin! Könnte ich mich ausspeien! Und da das nicht geht, so verunreinigt er mit seinem Werk, diesem Tagebuch eines Schlappschwanzes, die Läden, die Büchereien. Verehrter Herr Ringelnatz, man wird Sie nicht hindern können, kein Held zu sein. Aber Sie haben darum nicht das Recht, durch Drucklegung dieser verunglückten, *e contrario* verfaßten Odyssee in der Öffentlichkeit den Eindruck zu erwecken, alle deutschen Krieger, der ganze Krieg wären so gewesen wie Sie. Wenn man über den Krieg schreibt, hat man Verantwortung, insbesondere vor dem Auslande.[12]

Seiner Verantwortung als Schriftsteller war Joachim Ringelnatz sich durchaus bewusst. Deshalb kann *Als Mariner im Krieg* heute als eines der großen Antikriegsbücher der vornationalsozialistischen Epoche gelesen werden.

Auch schon während des Krieges setzte Hans Bötticher seine schriftstellerischen Arbeiten fort, anfangs noch mit heldischen Versen, die er an Zeitschriften sendete, bald aber auch mit Erzählungen, die in einem Band mit dem Titel *Die Woge. Marine-Kriegsgeschichten* erscheinen sollten. Aber die Zensur machte ihm einen Strich durch die Rechnung. Solche Texte wie *Totentanz* (hier S. 43–55) wollten die Behörden nicht gedruckt sehen. So erschien das Buch erst lange nach Kriegsende – die darin versammelten Texte legen Zeugnis davon ab, wie rasch Hans Bötticher das Kriegsgrauen in realistischen Bildern zu schildern begann.

Allerdings hat er auch keinerlei Hehl daraus gemacht, dass er besonders stolz darauf war, es mit eiserner Disziplin und großer Leidensbereitschaft bis in den Offiziersstand gebracht zu haben: 1917 wurde er zum Leutnant befördert. Wenig später erhielt er das Kommando über eine Luftabwehr-Batterie in Seeheim bei Cuxhaven, und hier begann die wohl bemerkenswerteste Episode seiner Kriegszeiten. In Seeheim, einer ehemaligen Kindererholungsstätte, fand er ein großes, teilweise zerstörtes Terrarium vor, das er sofort ausbessern ließ. Dies Terrarium wurde nun zum Lebensmittelpunkt für das fast beschauliche innere Exil eines Offiziers, der einfach keine Lust mehr hatte, beim Krieg mitzumachen. Mit dem Kescher zog er durch die Gegend, um Schlangen, Frösche, Lurche zu erbeuten; bald wurden auch seine Untergebenen abkommandiert ›zum Tierfang marsch, marsch‹. Viel Zeit und Mühe verwendete er auf eine ausgeklügelte Futterbeschaffungslogistik für seine tierischen Kriegsgefangenen:

Ich wußte Tümpel mit ganz kleinen Fröschen oder Molchen, und ich baute Fallgruben an den Waldwegen, aus denen ich morgens Fetthennen, Mistkäfer, Sandböcke und Raupen holte. Und ich tat Regenwürmer, ein Stück faules Holz und etwas Kuhfladen in das Terrarium. Später verband ich dieses durch ein Gazerohr mit einer Insektenfalle. Das Lockmittel war

Apfelwein. Die Fliegen und Käfer fingen sich, vom Teller aufschwirrend, in einem Glasballon und der einzige Ausweg von dort führte in das Terrarium, wo nun immer ein weithin hörbares Urwaldgesumme war. Oh, ich war sehr glücklich. […] Der Dienst machte mir Freude.[13]

Ich engagierte einen besonders gefräßigen Matrosen dazu, mir auf einer ausgesuchten sonnigen Stelle einen Haufen zu setzen, der als Fliegenköder für meine zahllosen, gar nicht mehr zu sättigenden Eidechsen dienen sollte.[14]

Nun begann wohl die endgültige Mutation Hans Böttichers zu Joachim Ringelnatz. Wie er, der zeitlebens ein tiefgläubiger Christ war, seine Aufmerksamkeit später in vielen Gedichten auf die kleinen, allgemein wenig beachteten Wesen der Schöpfung und auf geschundene Kreaturen wandte, um ihre Schicksale symbolhaft für die Zeitläufte zu betrachten, beobachtete er nun still, was im Mikrokosmos seines Terrariums vor sich ging. In der scheinbaren Idylle herrschte ein erbarmungsloser Kampf ums Überleben:

Im Terrarium war Hochbetrieb. Die Kupferottern lagen mit Ringelnattern und Eidechsen verschlungen in der Sonne, andere Eidechsen jagten sich herum. Hummeln und Fliegen summten. Überall kroch und krabbelte etwas. Wenn es einer Ringelnatter einfiel, in den Teich unterzutauchen, kam sofort Willibald heraus und verkroch sich anderwärts. Willibald war ein großer Frosch, der schon mehrmals von Schlangen

halb verschlungen war, nur halb, denn er war für sie
zu groß, es hatte ihn noch keine ganz hinunterwürgen
können, obwohl sich alle bis schier zum Platzen dar-
um bemühten. Manchmal war er gleichzeitig von
zwei Seiten von zwei Schlangen angefressen worden.
Es war gewiß ein grausiger Anblick, wenn die Nat-
tern, sich vorschnellend, einen Frosch packten, der
dann jämmerlich schrie, und sie würgten ihn ganz
langsam hinter, etwa erst den Kopf, dann ein Vorder-
bein, dann langsam das zweite Vorderbein. Der
Frosch spreizte in letzter Verzweiflung die Hinter-
beine weit auseinander, aber auch die schlossen sich
schließlich unter der Muskelkraft des Schlangenmau-
les und verschwanden in dem Schlund. Man konnte
am Umfang verfolgen, wie das Fröschlein in der
Schlange weiterglitt. Was die Kupferottern fraßen,
wußte ich anfangs nicht, ich hatte gehört, sie lebten
von Mäusen, aber das leuchtete mir nicht ein, und au-
ßerdem fing ich keine Mäuse. Nun beobachtete ich,
wie eine Kupferotter eine Eidechse, mit der sie zuvor
friedlich Leib an Leib in der Sonne gelegen hatte,
plötzlich am Kopf packte und hinterfraß. Und die
Eidechsen wieder schnappten sich behend Fliegen
und Mücken und Käferchen. Manchmal stürzten sie,
in ihrer Gier sich überschätzend, auf eine Hummel
oder auf einen jungen Mistkäfer zu und zogen dann
verärgert ab, weil sie damit nichts anfangen konnten.
Fetthennen liefen geschäftig umher, und aus dem
Kuhfladen lebten Würmerchen und Käferchen auf.[15]

Ich begrub ein neu aber totgeborenes Kaninchen in
die Erde meines Terrariums, und zwar so, daß es mit

einer Seite von außen sichtbar an der Glasscheibe lag. Bald konnte ich beobachten, wie sich Maden aus dem Aas entwickelten und durcheinanderwimmelten, bis die Eidechsen sie aufspürten.[16]

Scheinbar ohne alle Emotion protokollierte er das Werden und Vergehen, das sich vor seinen Augen abspielte – während rings um ihn Glanz und Herrlichkeit des Kaiserreiches mit einer ganzen Generation sinnlos geopferter Menschen in Massengräbern verweste. Nirgendwo in *Als Mariner im Krieg* findet sich eine Leseanweisung dafür, dass die Schilderungen des Terrariums und seiner Bewohner allegorisch zu verstehen seien. Derlei Interpretationen bleiben der Leserschaft selbst überlassen. Dass die Rechtspresse so heftig auf das Buch reagierte, zeigt, wie sehr dieser Tarantelstich ins Mark traf.

Nach Kriegsende sympathisierte Hans Bötticher kurz und folgenlos mit den sozialistischen Arbeiter- und Soldatenräten, die der Monarchie den Garaus machten. Dann nahm er das Pseudonym »Joachim Ringelnatz« an – wohl auch als Zeichen dafür, dass er sich mit der Welt verändert hatte. Auch der Tonfall seiner Gedichte änderte sich nun radikal; *Turngedichte* und *Kuttel Daddeldu* haben nicht mehr viel gemein mit der eher konventionellen Vorkriegslyrik, die vorwiegend aus Unsinnsversen, unverbindlichen Späßen und manchmal belanglosen Sprachspielen bestanden hatte. Joachim Ringelnatz war aus härterem Holz geschnitzt als Hans Bötticher. Diejenigen Verse, die er jetzt schrieb, hatten einen mitunter sehr schwarzen Humor, ärgerten genüsslich das deutsche Spießertum, die Zensurinstanzen,

manchen Rezensenten und viele konservative Leser –
und hatten sehr rasch großen Erfolg. Auch die Kin-
derbücher, die er später schrieb, *Das geheime Kinder-*
Spielbuch und das *Kinder-Verwirrbuch*, hatten nichts
mehr mit den harmlosen *Kleinen Wesen* des Jahres 1910
zu tun; statt von *Topf und Pfann'* wurde nun von elter-
lichen Orgien, von kindlicher Aufsässigkeit und vom
Erwachen des Sexualtriebs erzählt. Die Zensurbehörden
verfügten: »Verkauf nur an Erwachsene!«

Auch in seinem Privatleben hatte es 1920 eine ent-
scheidende Wendung gegeben. Hatte er im Bezug auf
Frauen bislang eine gewisse seemännische Umtriebig-
keit an den Tag gelegt, so lief er nun in den festen Hafen
der Ehe ein. Er heiratete Leonharda Pieper (1898–1977),
die er liebevoll mit dem Kosenamen ›Muschelkalk‹ rief.
Das großartige Gedicht *Ansprache eines Fremden an*
eine Geschminkte vor dem Wilberforcemonument (im
vorliegenden Band S. 70–72) schenkte er ihr zur Hoch-
zeit; man darf es getrost als einen Abgesang auf die wil-
den Zeiten mit wechselnden Bräuten und häufigen Pro-
stituiertenbesuchen, in seinen letzten Versen wohl auch
als Treueschwur lesen. Die Ehe, die kinderlos blieb, war
glücklich; Muschelkalk, eine kluge und selbständige
Frau, kümmerte sich in Zukunft um die manchmal kom-
plexen buchhalterischen Belange ihres Gatten, tippte
Manuskripte ab und führte Verlagskorrespondenzen,
sorgte sich mit großem Einsatz um das gelegentlich
chaotische Leben des Künstlers, dem sie ein behagliches,
fast gutbürgerliches Zuhause schuf. Nebenher war sie
selbst berufstätig und verdiente dazu, wenn Honorare
und Gagen für die Familie nicht ausreichten. Das heimi-
sche Refugium einer ordentlichen, mit einer großen Bi-

bliothek und vielen Kunstgegenständen ausgestatteten Wohnung und einem regelmäßigen Tagesablauf wusste Ringelnatz besonders deshalb zu schätzen, weil er es so selten genoss. Denn den Lebensunterhalt verdiente er vorwiegend als Vortragskünstler – während der 1920er-Jahre war er regelmäßig auf oft viele Monate währenden Tourneen unterwegs, wenn er auf den Bühnen des ganzen deutschsprachigen Raumes jene legendären Auftritte absolvierte, die ihn rasch zu einer Berühmtheit gemacht hatten. Wer ihn nur von der Bühne her kannte, dürfte Schwierigkeiten gehabt haben, ihn im Privatleben wiederzuerkennen. War er als Kuttel Daddeldu außer Dienst, liebte er teure Anzüge, schicke Hüte und Gamaschen, bevorzugte Champagner und edle Weine. Wann immer er es sich leisten konnte, stieg er in den ersten Hotels am Platze ab und flog mit der eben gegründeten Luft-Hansa von Ort zu Ort.

Gleichwohl berichten zahlreiche Anekdoten von den mitunter wilden Festen und Saufgelagen, die er mit seinem Freundeskreis zu feiern wusste. Die Ehefrau seines guten Freundes Otto Linnemann (1876–1961), eines berühmten Frankfurter Glasmalers, erhielt beispielsweise einen Entschuldigungsbrief wegen einer durchzechten Nacht:

Sehr verehrte gnädige Frau, Ihr Otto wollte durchaus zu Hause. Ihr Otto ist von mir überredet worden, zu bleiben. (Ihr Otto ist doch kein haltloser Trunkenbold) Und ich bin wahrscheinlich zum letzten mal mit ihm zusammen. Und wir sind nicht blöd u. blind, sondern wirklich schön u. irgendwie auch ernst zusammen. Zürnen Sie nicht, wenn ich Ihnen verehrte

(u. liebe) Frau L., wenn ich alles aufgeboten habe um noch einmal lange mit Ihrem Manne zusammen zu sein und wenn Sie, was ich nicht wünsche, derweilen und deshalb einsam waren. Ich grüße Sie mit aufrichtiger u. einfacher und dankbarer Gesinnung als Ihr ergebener Ringelnatz.[17]

Das gibt einigen Aufschluss über den Zustand des Linnemannschen Haussegens, wohl auch über den Restalkohol des demütig-zerknirschten Zechers. Manchmal verschwamm die Grenze zwischen Fiktion und Wirklichkeit im Alkohol bis zur Unkenntlichkeit: Wenn es ans Feiern ging, mutierte Ringelnatz gelegentlich zu einem Kuttel Daddeldu in Fleisch und Blut.

Während Muschelkalk und er noch immer in München wohnten, feierte er seine größten Erfolge in Stuttgart, Hamburg, Frankfurt und vor allem in Berlin. Dort, in der Hauptstadt des Kabaretts und des Varietés, verbrachte er in diesen Jahren sehr viel Zeit; hier lebten auch die meisten seiner engsten Freunde, die Schauspieler Asta Nielsen und Paul Wegener, die Bildhauerin Renée Sintenis, der Boxer Max Schmeling, die Galeristen Alfred Flechtheim und Karl Nierendorf, auch die Künstlerkollegen Otto Dix und George Grosz, die er tief bewunderte. Die einerseits immens kreative Atmosphäre in einer Metropole, deren Alltag andererseits wie der kaum einer anderen Stadt vom Leid der Nachkriegszeit und der Hyperinflation des Jahres 1923 bestimmt war, beflügelte Joachim Ringelnatz zu seinen reifsten und eindrucksvollsten literarischen Leistungen, zu vielen seiner Großstadtgedichte, vor allem aber zum Roman *...liner Roma...* Was Alfred Döblin später mit

Berlin Alexanderplatz schuf, versuchte Joachim Ringel-
natz schon jetzt: das Chaos der Riesenstadt, das atemlo-
se Tempo der Technik und der künstlerischen Moderne
in adäquate Worte zu fassen. Denn das betuliche Berlin
Theodor Fontanes existierte nicht mehr; ein herkömm-
liches, lineares Erzählen war der Stadt nun nicht mehr
gewachsen.

Berlin war längst eine zweite Heimat für Joachim
Ringelnatz geworden; 1930 zog er gemeinsam mit Mu-
schelkalk endgültig hierher. Denn München war jetzt in
der Hand der Nazis, die hier früher als anderswo die po-
litische Macht übernommen hatten. Die liberale Kultur-
szene des einstmals so quicklebendigen Schwabing hielt
dem Druck des braunen Mobs nicht stand. Immer häu-
figer störte die SA Auftritte liberaler Künstler und
Aufführungen moderner Theaterstücke; die Presse er-
ging sich in Hetztiraden gegen ›kommunistische‹ Auf-
wiegler, Juden und Homosexuelle. Das Gedicht *Umzug
nach Berlin* (im vorliegenden Band S. 239) zeigt, was
Ringelnatz nun von seiner langjährigen Wahlheimat
hielt. Für ihn war es »die dümmste Stadt der Welt«.

Der Glaube, dass es in Berlin niemals so weit wie in
München kommen würde, erwies sich jedoch als bittere
Illusion. Im Jahre 1933 schrieb er mit einigem Galgen-
humor seine »Grüße von Scheiterhaufen zu Scheiter-
haufen« an den Freund Gerhard Marcks (1889–1981),
der für die Nazis später zu den ›entarteten Künstlern‹
zählte.[18] Denn u. a. *Kuttel Daddeldu, Turngedichte* und
Als Mariner im Krieg hatten die Nazis am 10. Mai 1933
verbrannt, nachdem die Bibliotheken und Buchhand-
lungen vom ›undeutschen Schrifttum‹ gesäubert worden
waren. Doch das war nicht die erste Maßnahme gegen

Joachim Ringelnatz gewesen. Mit Berufung auf die *Verordnung zum Schutz von Volk und Staat* »zur Abwehr kommunistischer staatsgefährdender Gewaltakte« vom 28. Februar 1933 hatten die nationalsozialistischen Behörden ein Auftrittsverbot gegen ihn verhängt.

Mit dem Auftrittsverbot und der Ächtung seiner Bücher war der kleinen Familie schlagartig jede Lebensgrundlage entzogen worden. Gespart hatten sie nichts – all das, was in die Kasse gekommen war, hatten die lebenslustigen Eheleute mit vollen Händen ausgegeben. Als Joachim Ringelnatz nun schwer an Tuberkulose erkrankte, gab es kein Geld für die Behandlung. Er verfiel sehr schnell; das Verbot seiner Auftritte und das Verbrennen seiner Bücher hatten ihm offenbar allen Lebensmut genommen. Zwar versuchten seine Freunde noch, durch Spendenaktionen und Benefizveranstaltungen Geld für ihn aufzutreiben, aber es war zu spät. Joachim Ringelnatz starb am 17. November 1934 in seiner Wohnung am Berliner Sachsenplatz, dort, wo er nicht lange zuvor so luftglücklich den Gesang der Nachtigall besungen hatte (im vorliegenden Band S. 240). Das Gedicht *Großer Vogel* (S. 256 f.), in dem von der Gefangenschaft, vom Verstummen und Sterben eines der wichtigsten Symboltiere der Literatur schlechthin die Rede ist, mag man als zarte Antwort auf eine Zeit lesen, in der kein Raum für Poesie mehr war.

Als Dichter und als Auftrittskünstler hatte er zuletzt nicht mehr so wirken dürfen, wie er es wollte. Im Berliner Telefonbuch des Jahres 1934 ist er zu finden gewesen als »Joachim Ringelnatz, Kunstmaler«.

Malerwelten

Lange war in Vergessenheit geraten, dass Ringelnatz auch als Maler eine weithin bekannte Größe war.[19] Dabei hatte er schon seit frühester Jugend gezeichnet; auch auf seinen Seefahrten hatten ihn stets Skizzenbücher begleitet, in denen er seine Erlebnisse und das in fernen Ländern Geschaute festzuhalten trachtete. In den frühen Münchner Jahren hat er gelegentlich auch Zeichenunterricht genommen, aber dennoch blieb er zeitlebens ein Autodidakt. Das, was ihm an malerisch-technischen Fähigkeiten zweifellos abging, kompensierte er durch Ideenreichtum, Experimentier- und Erzählfreude. In seinen Zeichnungen, Aquarellen und Ölgemälden konstruiert sich, wie in seinen Texten, eine phantasievolle Welt, die ein genaues Hinsehen lohnt und manche Überraschung birgt.

Erst in den frühen 1920er-Jahren, als er in die Berliner Bohemeszene eintauchte, begann er seine Leidenschaft für die bildende Kunst zu professionalisieren. Die Ermutigungen und Förderungen von Künstlerfreunden wie Renée Sintenis, Karl Hofer und Otto Dix sowie der Kontakt zu den Galerien Flechtheim, Wiltschek und Nierendorf, wo man sein Talent witterte, brachten ihn dazu, in der Malerei ein zweites berufliches Standbein zu suchen. Das fand er alsbald mit einigem Erfolg, den er nicht zuletzt durch seine Bühnentalente zu befördern wusste. Wurden seine Bilder auf Auktionen zum Kauf angeboten, übernahm er oft genug selbst den Part des Auktionators, und zwar in der Rolle des Kuttel Daddeldu, der das Publikum mit wilden Späßen zum Kauf verleitete, mal selbst hoch bot, um den Preis zu

steigern, mal ein Bild verschenkte, das er angeblich für
missraten hielt. So gerieten Ausstellungen in Berlin,
Wien, Frankfurt, Hamburg oder Leipzig gelegentlich zu
anarchischen Happenings – das sprach sich herum, und
die Verkaufserfolge waren entsprechend groß. Nicht
nur Privatsammler, sondern auch Museen wie zum Bei-
spiel die Berliner Akademie der Künste kauften Ringel-
natz-Bilder: Der hochberühmte Dichter wurde rasch zu
einem kleinen Liebling der Kunstszene.

Das Spektrum seiner Themen und Motive, die Vielfalt
seiner bildnerischen Ausdrucksmöglichkeiten ist er-
staunlich breit. Seestücke oder atmosphärische Bilder
um Dunst, Nebel und Wolken (Taf. 3, 6, 7, 16)[20] kom-
men ebenso vor wie exotische Sujets und Tiere (Taf. 2, 4,
5, 13, 14, 15). Landschaften finden sich, die einmal in
nachgerade idealer Ausprägung, ein anderes Mal ro-
mantisierend oder fremd und bizarr aufgefasst sind.
Menschliches und Melancholisches wird genauso wie
Märchenhaft-Magisches dargestellt. Hinzu kommen
Bilder, die das Leben auf der Bühne und städtische
Vergnügungen zeigen, aber auch die Schattenseiten
des Großstadtlebens deutlich werden lassen. *Exotische
Frauen* (Taf. 2) zeigt einen fetten, gelangweilten Mann
vom Typ Kapitalist/Kriegsgewinnler, der mit karpfen-
haft geöffnetem Mund zwischen zwei fremdländischen
Schönheiten gezeigt wird, wie sie sich in den Bordells
und Bars der großen Städte allenthalben feilboten. Bild-
auffassung und -ausführung erinnern nicht von un-
gefähr an die veristischen Bilder seiner Zeitgenossen
Otto Dix und George Grosz, denen er bewundernd
(und manchmal in sehr gelungener Art und Weise) nach-
eiferte.

Bei den von ihm eingesetzten stilistischen Mitteln lässt sich eine Vielfalt feststellen, die der thematischen Breite in nichts nachsteht. Die impressionistische Malweise findet sich ebenso wie expressionistische Anklänge, ganz konventionell naturalistische Ausführungen stehen neben solchen des Magischen Realismus. Ob lasiert und durchscheinend-zart oder pastos: Ringelnatz handhabe das gesamte Spektrum des Farbauftrages und der Farbpalette.

Manche seiner Bilder mögen unfertig oder misslungen wirken; sie sind Zeugen seines Ringens um die adäquate Umsetzung des künstlerischen Wollens, des Lernens und Experimentierens. Ebenso aber sind sie Zeugen einer oft hastigen Bildproduktion, die aus der Not entstand, unbedingt Geld verdienen zu müssen. Aber gerade der naive Charme vieler seiner Bilder kam beim Publikum gut an. Details hat er oft vernachlässigt; viele Figuren sind nachlässig ausgeführt, Porträthaftes findet sich nirgends in seinem Werk. Es war ihm offensichtlich nicht um individuelle Darstellungen von Charaktereigenschaften bestellt, sondern um die Abbildung allgemeiner Situationen, Stimmungen und Befindlichkeiten.

Und er wusste mit seinen Bildern, die vielfach Reflexe auf längst vergangene Erlebnisse sind, zu erzählen. Lange schon fuhr er nicht mehr zur See, als er in den 1920er-Jahren seine aus Kindertagen herrührende Sehnsucht nach der Ferne, nach Abenteuern, Exotik und nach der Seefahrt, aber auch Eindrücke aus den Kriegstagen thematisierte. Die undatierte Ölskizze *Seegang* (Taf. 11) zeigt eine zechende Gesellschaft an Deck, die sich nicht nur wegen der hohen Wellen in einem unguten Zustand befindet. Aber auch auf diesem im ersten

Moment komisch wirkenden Bild gibt es, wie auf vielen seiner Gemälde, einen Umschwung ins Ernste: Der derangierte Zustand der sich übergebenden Passagiere könnte erst der Anfang vom Ende sein, denn auf diesem Schiff fährt der Tod schon mit. Das *Memento mori* eines unauffälligen Totenschädels im Bullauge erinnert den Betrachter daran, dass alles im Leben endlich ist. Damit greift Ringelnatz die althergebrachte Metapher des Schiffes als Spiegelbild der menschlichen Gesellschaft auf – man denke etwa an Sebastian Brants *Narrenschiff* vom Ende des 15. Jahrhunderts.

Besonders häufig findet sich in Ringelnatz' Bildkunst Märchenhaftes und Phantastisches. So zeigt *Letzte Fahrt* aus dem Jahre 1926 (Taf. 10) das kosmologische Phänomen des Doppelgestirns, einer Luftspiegelung, die von Seefahrern wirklich beobachtet und als furchterregendes Vorzeichen des nahen Untergangs interpretiert wurde. Das Menschenpaar, das sich der verhängnisvollen Welle entgegenstemmt, thematisiert den schicksalhaften Weg, den letztlich alle zu gehen haben.

Bei dem verschollenen Ölgemälde *Hafenkneipe* von 1933 (Taf. 1), zu dem Ringelnatz auch ein Gedicht schrieb (im vorliegenden Band S. 259), geht es ebenfalls um einen seemännischen Topos: um die Einsamkeit. Hier wird die Sicht durch ein Fenster in das Innere eines belebten, freundlich beleuchteten Lokals gezeigt. Der Betrachter schaut aus der Perspektive einer Person ins Bild, von der sich nur der Schatten auf dem Mauerwerk und auf der durchscheinenden Gardine des Fensters abzeichnet, die aber nicht selbst in Erscheinung tritt – begleitet von einem langohrigen Hund. Es ist, als stünde jemand verstohlen draußen vor dem Fenster und blickte

auf das hell erleuchtete Treiben im Innern. Der schräg
angelegte Schatten wirkt instabil und flüchtig, als würde
er vorüberwehen. Trotz der warmen, freundlichen Far-
ben bekommt so das Bild – wie das Gedicht – einen me-
lancholischen Hauch. Dichtung und Malerei lassen sich
bei Ringelnatz oft direkt aufeinander beziehen, obwohl
beide Kunstformen ihre Eigenständigkeit bewahren.

Gemälde wie *Felsenvolk*, *Opfer* (Taf. 5) oder *Wäsche*
(wo eine afrikanische Landschaft von Reminiszenzen an
deutsche Landschaften überlagert wird) zeigen Weltge-
genden, in denen der Maler auch während seiner Ma-
trosenzeit nie gewesen ist. Vielleicht verdanken sie sich
den Lektüren der Abenteuerromane von Karl May und
Friedrich Gerstäcker. Traumwelten wie auf dem Ölge-
mälde *Fremde* (Taf. 3) zeugen ebenso von phantasiege-
speistem Fernweh wie *Urwald* (Taf. 4), dessen Motivik
sich der eigenen Anschauung des Dschungels verdanken
könnte, den er etwa bei seiner Flucht von der *Elli*, sei-
nem ersten Schiff, kennen gelernt hat. Dies Bild zeugt
auch von seiner Beschäftigung mit Henri Rousseau, ge-
nannt der Zöllner, dem französischen Autodidakten, der
Gemälde schuf, die heute als Inkunabeln der Naiven
Malerei gelten.

Durch die Beschäftigung mit den Werken von Kin-
dern, von psychisch Kranken und von sogenannten pri-
mitiven Völkern, also von Menschen, die als noch nicht
durch den schädlichen Einfluss der Zivilisation verbildet
und verdorben galten, suchten die Künstler seiner Zeit
nach Wegen, um zu urgründigen Wahrheiten und
Schöpfungsakten zu gelangen. Auch Ringelnatz fühlte
sich von diesen Theorien angesprochen, die einen we-
sentlichen Diskurs der Zeit bildeten. Die Welt so zu se-

hen, wie die Kinder es tun: Das war eines seiner zentralen Anliegen.

Zu den stärksten Ölgemälden von Joachim Ringelnatz gehören diejenigen, die sich dem Magischen Realismus nähern. Es handelt sich um Bilder, die alltägliche Situationen und Dinge fremd, beängstigend oder magisch-märchenhaft erscheinen lassen. *Eines Abends* (Taf. 14) ist solch ein Gemälde. Der gesenkte Kopf und die Körperhaltung der Frau mit den Blumen in den Händen lassen den Eindruck entstehen, sie stünde nicht vor einem Futtertrog, sondern an einem Grab. Das Schaf verweist auf das *Agnus dei*, das Lamm Gottes, der Baum und das quergelegte Holz fügen sich zu einem Kreuz: religiöse Anspielungen eines gläubigen Malers, deren eindeutige Interpretation gleichwohl schwerfällt.

Fasching im Schnee (Taf. 12) ist eines derjenigen Gemälde, die – wie *...liner Roma...* und die eigenhändigen Illustrationen zu diesem Roman – einen Reflex auf die überbordende Fröhlichkeit der 1920er-Jahre darstellen, als Deutschland auf dem Vulkan tanzte: Die Welt ist aus den Fugen geraten, eine feste Perspektive gibt es nicht mehr. Frohsinn und Untergang scheinen Hand in Hand über die Straße zu stolpern.

Beispielhaft für diese Haltung ist auch das Gemälde *Himmelsbrücke* (Taf. 16). Die Brücke spielt in der Kunst, besonders in der christlichen Ikonographie, seit dem Mittelalter eine wichtige Rolle. Der Regenbogen ist ein Sinnbild für die Brücke zwischen Himmel und Erde, ein Symbol des Neuen Bundes, den Gott nach der Sintflut mit der Schöpfung schließt. Das ist eine altbekannte Bildmetapher, die sich auch in der modernen Kunst des frühen 20. Jahrhunderts vielfach findet, nachdem spektakuläre architektonische Leistungen die Brücke auch zum Sinnbild des technischen Fortschritts hatten werden lassen. Ringelnatz' *Himmelsbrücke* ist jedoch ein kryptisches Gemälde, das sich einer eindeutigen Auslegung entzieht. In schwindelerregender Höhe ist nur der Ausschnitt einer fragilen Brücke zu erkennen, die in weitem Bogen ohne Stützen durch das Bild schwingt. Der Blick durch Wolken und Dunstschleier ist dem Aufbau seiner Flugbilder vergleichbar. Menschen und Fuhrwerke bewegen sich nur in eine Richtung – aber nicht aufwärts, sondern abwärts auf dem Weg nach unten. Die lichte, freundliche Atmosphäre des Bildes steht in merkwürdigem Widerspruch zu der unten angedeuteten Landschaft mit der gekippten Kirche und den Häusern. Bei genauerem Hinsehen wirkt alles instabil und schwankend. Vielleicht entsprach dies Bild auch dem eigenen Empfinden seiner Künstlerexistenz, ungesichert in luftigen Höhen mit Blick auf eine schwanke Welt stehen zu müssen.

Joachim Ringelnatz feierte als Dichter, Vortragskünstler und als Maler beträchtliche Erfolge. Der Ruhm stellte sich schnell ein, aber das Geld blieb meistens knapp. Damit konnte er freilich leben. Mitte Februar 1924 schrieb er von Wien aus an Muschelkalk: »Bescheiden von mir vorbereitet, brachte der heutige stark besuchte Nachmittag [in der Galerie Würthle] keinen pekuniären Erfolg. Die Versteigerung stockte sofort. Aber sonst an Beifall u. Wirkung war es ein *Riesenerfolg*! Alles – auch die Presse – begeistert von mir. […] Sehr glücklich bin ich heute.«[21]

Wenige Jahre später war es vorbei mit dem Glück. Die Bilder vom Kunstmaler Joachim Ringelnatz wurden aus

Galerien und Museen entfernt, weil sie – wie seine Texte – in Deutschland nicht mehr erwünscht waren. Aber sie haben diese Zeit überdauert.

Anmerkungen

1 Ausgabe vom 30. Dezember 1923; hier zit. nach: Joachim Ringelnatz, *Das Gesamtwerk in sieben Bänden*, hrsg. von Walter Pape, Zürich 1994, Bd. 2, S. 394. Diese maßgebliche Werkausgabe hat mit ihren sorgfältigen Kommentaren die neuere Ringelnatz-Forschung erst möglich gemacht.

2 In: Oskar Loerke, *Der Bücherkarren* [...], unter Mitarbeit von Reinhard Tgahrt hrsg. von Hermann Kasack, Heidelberg/Darmstadt 1965, S. 212 (zuerst im *Berliner Börsenkurier*, 30. März 1924).

3 In: *Der Querschnitt* 3 (1923), H. 1, S. 89 f. – Abdruck mit Genehmigung der Deutschen Schillergesellschaft, Marbach am Neckar.

4 Eine Kopie des Dokumentes findet sich im Kulturgeschichtlichen Museum Wurzen, das eine sorgfältig betreute und gut ausgestattete Ringelnatz-Sammlung besitzt.

5 Gustav Hester, *Als Mariner im Krieg*, hrsg. von Joachim Ringelnatz, Berlin 1928, S. 7. Warum sich Ringelnatz des Namens Gustav Hester bediente, ist ungeklärt.

6 Joachim Ringelnatz, *Briefe*, hrsg. von Walter Pape, Berlin 1988, S. 351 f. Das waren für die Herausgeber der vorliegenden Auswahl triftige Gründe, einen Teilabdruck dieses Werkes nicht in Erwägung zu ziehen.

7 Robert Breuer, »Der Matrose Ringelnatz«, in: *Deutsche Republik* 3 (1928/29) H. 11, 14. Dezember 1928, S. 331.

8 *Als Mariner im Krieg*, S. 18.

9 Ebd., S. 241.

10 Ebd., S. 227.

11 Ebd., S. 296.

12 Anonym, in: *Deutsches Adelsblatt* 1929, S. 122.

13 *Als Mariner im Krieg*, S. 329.

14 Ebd., S. 343.

15 Ebd., S. 333 f.

16 Ebd., S. 345.

17 Ungedruckt, Original in Privatbesitz.

18 Original im Gerhard-Marcks-Archiv.

19 Heute sind viele seiner Gemälde im Cuxhavener Joachim-Ringelnatz-Museum zu sehen. Vgl. auch: Frank Möbus [u. a.] (Hrsg.), *Ringelnatz! Ein Dichter malt seine Welt*, Göttingen 2000.

20 Die Abbildungsnummern verweisen hier und im folgenden auf den Farbtafelbogen im vorliegenden Band, nach S. 288.

21 *Briefe*, S. 314 f. Vgl. auch den ähnlich lautenden Brief aus Hamburg vom 29. März 1924 (zit. ebd., S. 315 f.).

Verzeichnis der Prosatexte, Gedichtanfänge und -überschriften

Auf die Prosatexte (Pr.) wird in Klammern hingewiesen